Blankertz · Lust auf Leben

Foto: Hagen Willsch

Stefan Blankertz, geb. am 23. 6. 1956, Promotion 1983 in Soziologie, Habilitation 1987 in Erziehungswissenschaften. Autor zahlreicher philosophischer, soziologischer und politischer Essays und Bücher, zum Beispiel: *Das libertäre Manifest* (2001). Seit 1993 betreut er die theoretische Ausbildung von Gestalttherapeuten nach dem »Kölner Modell« des Gestalt-Instituts Köln. Daraus ist der Arbeitstext *Gestalt begreifen* (1996/2000) hervorgegangen. Mit dem Leiter des Gestalt-Instituts, Erhard Doubrawa, verfaßte er die *Einladung zur Gestalttherapie. Eine Einführung mit Beispielen* (2000).

Zusammen mit seiner Frau Isabell leitet Stefan Blankertz das Institut »Pro Change PersonalentwicklungsGmbH« in Pulheim bei Köln für Mitarbeiter- und Führungskräfteschulung. Auf diesem Hintergrund sind die Bücher *Wenn der Chef das Problem ist. Leitfaden zur Lösungsfindung* (1999) und *Besser Klarkommen. Glücklich werden, ohne sich etwas vorzumachen* (2000) entstanden.

1998 ist Stefan Blankertz – nach langjähriger Beschäftigung mit der Philosophie und Theologie des Thomas von Aquin – zum Katholizismus konvertiert. Mit dem vorliegenden Buch dokumentiert er die die kirchliche Autorität verunsichernde, den Glauben jedoch stärkende Kraft, die in der Auseinandersetzung mit dem Aquinaten steckt. Ein Buch, das kritischen Katholiken Mut macht und Nicht-Katholiken zeigt, daß Katholisch-Sein nicht identisch ist mit verschrobenen Ansichten.

Stefan Blankertz

THOMAS VON AQUIN: LUST AUF LEBEN

Texte und Kommentare

EDITION BÜNDE & RÖLLSHAUSEN

Für Erhard

ISBN 3-8311-1909-0
Originalausgabe
Edition Bünde & Röllshausen, Rurstr. 9, 50937 Köln
Umschlag und Typographie: Karola Tembrins
Printed by Books on Demand GmbH

INHALT

Lieber Leser 7

Teil 1: Sexualität, Glaube und Gehorsam

Paradiesische Lust 11
Lebenslust 15
Ehe 17
Das Ende einer Ehe 21
Geburtenkontrolle 27
Homosexualität 31
Gehorsam 33
Vernunft und Glaube 35

Teil 2: Die Weisheit der Leidenschaft

Einführung 45
Thomas-Texte 65

Der Begriff der Leidenschaft 65 · Verhältnis zu Wahrnehmung und Bedürfnis 67 · Ethische Beurteilung der Leidenschaft 71 Bedürfnisbefriedigung 73 · Aggression 81 · Liebe und Haß 85 Die Bewegung zum Guten 87

Thomas von Aquin: Leben und Denken 105
Zur Übersetzung 117

was haben Sie davon, sich mit der Meinung eines mittelalterlichen Kirchenlehrers zur Lust auseinanderzusetzen, der ja nun vor mehr als siebenhundert Jahren gelebt hat? Die Antwort hängt ganz von Ihrem eigenen Kontext ab:

- Wenn Sie ein katholischer Christ sind, der unglücklich über die Haltung von Papst Johannes Paul II zu Sexualität, Verhütung und Abtreibung ist, werden Sie auf den folgenden Seiten Trost finden: Die gegenwärtige Haltung der katholischen Kirche hat weniger von der »großen Tradition« hinter sich, als sie behauptet.
- Begrüßen Sie als Katholik die Haltung des Papstes, dann sollten Sie durch die folgenden Seiten zu Toleranz den Mitmenschen gegenüber finden, die eine andere Meinung als Sie hegen: Das müssen nicht ungläubige und bösartige Individuen sein. Auch sie können sich auf eine Tradition in der katholischen Kirche berufen. Es ist nicht so, daß sie sich unkritisch der »Moderne« oder einer »Mode« anbiedern.
- Hängen Sie dagegen einem anderen Glaubensbekenntnis an oder ist Ihnen jede Religion egal, können Sie gemeinsam mit Thomas (und mir) diejenigen Grundlagen des Zusammenlebens auszuloten versuchen, die sich der universell gültigen menschlichen Vernunft erschließen. Auch dies dient der Stärkung der Bereitschaft, Toleranz zu üben.

Ich habe dieses Buch nicht geschrieben, um meine eigenen Auffassungen mit der Autorität des heiligen Thomas zu schmücken. Das, was ich aus der Beschäftigung mit seiner Philosophie gelernt habe, ist: Es kommt auf die Meinung einer Person nicht an. Das, was wichtig ist, ist die Begründung. Gott hat uns die Vernunft gegeben, damit wir sie gebrauchen. Die Eigenart unserer individuellen Vernunft besteht darin, daß sie fehlbar ist und nicht ohne weiteres zu einem intersubjektiven Übereinkommen führt: Es gibt Meinungsverschiedenheiten. Gott hätte uns nicht *jedem eine eigene Vernunft* gegeben, wäre es überflüssig, daß sich *jeder seine eigenen Gedanken* macht. Wir sind Gott gehorsam, wenn wir unsere eigene Vernunft einsetzen, damit sie uns als Leitlinie der Lebensführung dient. Wir sind Gott Ungehorsam, wenn wir die Vernunft in uns verraten und irgendwelchen fremden Meinungen folgen.

Das, was ich von Thomas zusammengestellt habe, ist nicht wahr, weil es von Thomas stammt, einer »Autorität«. Es ist dann wahr, wenn Ihnen seine Gründe einleuchten. In dem Abschnitt über Homosexualität mache ich beispielsweise klar, daß ich ihm in dem Punkt seiner Ablehnung der Homosexualität als »Unnatürlich« nicht folgen kann – weil mir seine Gründe nicht konsequent genug durchdacht erscheinen. Damit weiche ich von seiner Meinung ab, folge gleichwohl, wie ich denke, seinen philosophischen Grundsätzen. Auch er hat sich nie einer Meinung gebeugt, nur weil sie von einer anerkannten Autorität stammt, sondern erst und nur dann, wenn er Gründe finden konnte, warum die Meinung der Autorität stichhaltig ist. Insofern enthält der Abschnitt über den Gehorsam die zentrale Botschaft von Thomas' Philosophie und Theologie.

Ich möchte nicht Zwietracht sähen, sondern provozieren: Christen untereinander sowie Christen und Nichtchristen können dann friedlich und gottgefällig zusammen leben, wenn sie gegenseitig das Recht anerkennen, nur dem eigenen Gewissen verpflichtet zu sein. Dieser Gedanke ist eine politische Provokation, weil unsere herrschaftlichen Systeme – seien sie nun demokratisch verfaßt wie unser Staat oder diktatorisch wie unsere Kirche – auf der Annahme basieren, manche Menschen dürften anderen Vorschriften machen. Das ist nicht der Fall. Vorschriften darf nur Gott machen – und die macht er uns, indem er mit uns spricht. Meist spricht er über das Gewissen oder die Vernunft. Nie bedient er sich des Umwegs über andere Menschen.

HINWEIS:

Alle Thomas-Zitate folgen der Ausgabe *Opera omnia*, herausgegeben von R. Busa, Stuttgart 1980. Die Auswahl der Textstellen richtet sich nach ihrem aktuellen Bezug und nach ihrer Verständlichkeit für den heutigen Leser. Die Übersetzungen stammen von mir.

Eine biographische Skizze und eine Übersicht über die Grundzüge der thomistischen Philosophie finden Sie unter dem Titel »Thomas von Aquin: Leben und Denken« am Ende dieses Buches.

TEIL 1: SEXUALITÄT, GLAUBE UND GEHORSAM

Um zu erfahren, was Thomas von Aquin zur Lust an der Sexualität meinte, beginne ich mit einer Passage, in der er einen möglichen paradiesischen Zustand mit der gegenwärtigen Realität menschlichen Daseins verglich.

Einige der frühen Kirchenlehrer sahen in der Sexualität vor allem das Schmutzige, was sich im jetzigen Zustand [der beschädigten Natur nach der Erbsünde] mit ihr verbindet. Darum meinten sie, daß im [paradiesischen] Zustande der Unschuld keine Zeugung durch Geschlechtsverkehr stattgefunden hätte. Gregor von Nyssa etwa schrieb in seinem Buch »Über den Menschen«, im Paradies hätten sich die Menschen nicht durch Beischlaf fortgepflanzt, sondern wie die Engel durch göttliche Kraft. [...]

So zu sprechen, ist jedoch nicht vernünftig. Das, was zur Natur des Menschen gehört, wird durch die Sünde weder weggenommen noch hinzugefügt. Es ist nun offensichtlich, daß der Mensch seiner Natur nach ein Sinnenwesen ist und dies auch vor dem Sündenfall war. Und für ein Sinnenwesen ist es nur natürlich, sich durch Sexualität zu vermehren, wie das auch für die übrigen höherentwickelten Sinnenwesen gilt. Dies beweist sich durch die Geschlechtsorgane, die der Mensch von Natur aus besitzt. [...]

Bei der Bewertung der Sexualität im gegenwärtigen Stande [der Schuld] ist zweierlei zu bedenken. Zum einen ist es natürlich, daß Mann und Frau sich zur Zeugung vereinigen. [...] Zum anderen gibt es eine gleichsam deformierte, ungeordnete Begierde. Diese hatte es im Unschuldsstande nicht gegeben. [...]

Im Koitus wird der Mensch dann zum Tier, wenn er die sexuelle Lust und das Feuer der Begierde nicht durch die Vernunft zügeln kann. Im Unschuldsstande hat es jedoch nichts gegeben, über das die Vernunft nicht gewacht hätte. Daraus folgt nicht, wie einige meinen, daß die sinnliche Lust geringer gewesen wäre. Denn sie war im Gegenteil größer, weil die Körper reiner und empfindsamer gewesen sind. Vielmehr gab es keinen Widerspruch zwischen Sinnlichkeit und Vernunft. Dieser Widerspruch [zwischen Sinnlichkeit und Vernunft] löst sich nicht durch eine geringere Lust auf, sondern dadurch, daß sich das sinnliche Streben nicht unbeherrscht über die Vernunft hinwegsetzt. [...] So empfindet ja auch derjenige, der mit Maß ißt, keine geringere Lust als etwa der Gierige, aber sein Streben [nach Nahrung] wird nicht von der Gier beherrscht. [Summa theologica I, 98,2]

Diese Passage muß man vielleicht mehrfach lesen, um die ganze Tragweite der Provokation zu erfassen, die in ihr steckt. Zunächst einmal sagte Thomas hier, daß die sinnliche Lust am Geschlechtsverkehr im Paradies nicht geringer, sondern *größer* gewesen sei, als sie gegenwärtig ist. Dies war sehr konsequent gedacht. Denn durch das Gefühl der Lust zeigt sich bei einem Sinnenwesen, daß etwas *gut* ist. Wir verstehen diesen Gedanken sofort, wenn wir statt »Lust« das Wort »Befriedigung« und statt »Streben« das Wort »Bedürfnis« einsetzen: Das Gefühl der Befriedigung zeigt an, daß ein Bedürfnis *gut* erfüllt worden ist. Wenn der Begriff »Unschuldsstand« einen Sinn hat, welchen anderen könnte er haben als den, daß die Menschen durch keine Schuld daran gehindert werden, die volle Befriedigung oder Lust zu erfahren, die Sinnenwesen möglich ist?

In diese frohe Botschaft kommt jedoch ein Wermutstropfen – denn schließlich leben wir nicht im Unschuldsstande, sondern im Stande der Schuld. Und für diesen Stand gab Thomas von Aquin in der Tat zu, daß die Sexualität etwas »Schmutziges« haben könnte. Doch bevor wir daraus voreilige Schlüsse ziehen, die uns eine körperfeindliche Tradition nahelegen, sollten wir jene Aussagen genauer betrachten.

Der Begriff der »Erbschuld« wird heute meist mißverstanden. Es geht dabei nicht um eine persönlich zu verantwortende Schuld. Dies zu behaupten, wäre für einen rationalen Denker wie Thomas unmöglich. Vielmehr sprach er an vielen Stellen von einer »beschädigten Natur«. Die Sünde der Stammeltern, Adam und Eva, hat die menschliche Natur verändert oder, genauer gesagt, *beschädigt*. Durch unsere Natur als Menschen tragen wir die *Folge* der Schuld, ohne jedoch persönlich für sie verantwortlich zu sein.

Worin die Beschädigung besteht, machte Thomas im oben zitierten Abschnitt deutlich. Es entsteht nämlich ein möglicher Widerspruch von sinnlichem Bedürfnis und Vernunft. Das, was für den einen Menschen lustvoll – also gut – ist, könnte für einen anderen Menschen schädlich sein.

Denken wir an Verbrechen, die von einer Begierde ausgelöst werden wie etwa Sexualmord, Vergewaltigung oder sexuelle Gewalt gegen Kinder. In diesen Fällen geschieht genau das, was Thomas beschrieb: Die Begierde läßt sich durch die Vernunft, die sagt, daß wir unsere Bedürfnisse nicht auf Kosten der Mitmenschen befriedigen dürfen, nicht kontrollieren. Die Lust, die das Gute für den einen Menschen bedeutet, bedeutet das Übel für einen anderen Menschen und gerät so in einen Selbstwiderspruch. Nur die Vernunft könnte diesen Widerspruch auflösen, aber sie ist machtlos.

Bei sexuell motivierten Verbrechen sprechen wir heute oft von

»Krankheit«. Damit ist jedoch nichts grundsätzlich anderes ausgesagt als bei Thomas: Es handelt sich um die Wirkungen der beschädigten Natur. Der Unterschied zwischen der Auffassung des Thomas und unserer ist allerdings auch entscheidend: Gehen wir von der beschädigten Natur aller Menschen aus, so können wir uns nicht als »Gesunde« über die »Kranken« erheben. Wir *alle* stehen in der Gefahr, die von der beschädigten Natur ausgehen. Dieser Gedanke ist die Grundlage für die Möglichkeit von Gnade und Vergebung: »Wer von euch ohne Sünde ist, werfe den ersten Stein« [Joh 8,7].

Die Auffassung des Thomas von Aquin über das »Schmutzige«, was ihm zufolge der Sexualität im gegenwärtigen Stande der Erbschuld anhaftet, war also in keiner Weise lust- oder leibfeindlich. Ganz im Gegenteil: Eine unschuldige Form der Sexualität – das ist eine Sexualität, die niemandem schadet – verspricht sogar größere Lust. Das muß auch so sein: Denn was besser ist, muß auch die größere Lust – also Befriedigung – nach sich ziehen.

Das Beispiel des Essens, das Thomas anführte, zeigt uns, wie das zu verstehen ist: Der Gierige, der das Essen in sich hinein schlingt, hat ja erfahrungsgemäß gar kein so großes Lustempfinden. Wer mit dem richtigen Augenmaß ißt, hat viel mehr Gaumenfreuden. Die Gier jagt zwar der Lust hinterher, aber erreicht sie nur unvollkommen.

Analog verhält es sich mit der Sexualität. Wir müßten ja am Menschsein irre werden, wenn wir annähmen, derjenige, der seine sexuelle Befriedigung aus der Gewalt gegen seine Mitmenschen zu ziehen versucht, würde echte und tiefe Lust empfinden. Unsere Hoffnung darauf, den Perversen zu heilen, liegt darin, ihm zu zeigen, daß seine Gier ihn fehlleitet – und daß er wahre Befriedigung in nur einer anderen Form der Sexualität finden kann.

Die Interpretation des ersten Abschnittes bestätigt sich durch einen Text, in welchem es um die Unterdrückung der Lust geht. Thomas fragte sich, ob die Gefühl- oder Lustlosigkeit [*insensibilitas*] ein Laster sei und er bestätigte diese Hypothese nachhaltig:

Alles, was gegen die natürliche Ordnung geht, ist ein Laster. In der Natur ist die Ausführung dessen, was für das Leben der Menschen notwendig ist, mit Lustempfindung verbunden. Darum entspricht es der natürlichen Ordnung, wenn der Mensch sich so weit der Lust hingibt, wie es für das Wohlergehen notwendig ist – sei es das Wohlergehen des Individuums oder der Art. Wer also die Lust so weit meidet, daß er nicht mehr tut, was für die Erhaltung der Natur notwendig ist, versündigt sich gegen die natürliche Ordnung. Darin besteht das Laster der Lustlosigkeit.

Es kann allerdings lobenswert oder sogar notwendig sein, sich um bestimmter Ziele willen lustvolle Handlungen zu versagen. Manchmal ist es ratsam, sich aus gesundheitlichen Gründen der Eßlust oder der sexuellen Lust zu enthalten. Athleten oder Soldaten müssen auf viele Genüsse verzichten, um siegen zu können. Und die Büßer verzichten für die Gesundheit der Seele auf Lustvolles – gleichsam als Diät. [...] Dies gehört nicht zum Laster der Lustlosigkeit, denn es folgt der Vernunft.

[Summa theologica II-II, 142, 1]

Hinter diesen Sätzen können wir wieder die beschriebene paradiesische Utopie erkennen: Sinnlichkeit und Vernunft sollen keine Feinde sein. Der Gebrauch der Vernunft soll die Lust nicht unterdrücken oder unterbinden, sondern vor allem ermöglichen und steigern. Denn, wessen Gier es nicht zuläßt, in bestimmten Situationen auf Lust zu verzichten, der verspielt die Möglichkeit zur Lust. Ist jemand zum Beispiel krank, aber versagt sich nicht die Lust auf solche Speisen, die seine Heilung gefährden, so bereitet er sich Unlust. Und wer ein Ziel verfolgt, aber die Anstrengung und den mit ihr verbundenen Verzicht nicht leisten will, wird aufgrund seiner letztendlichen Niederlage Unlust verspüren.

Sieht so aus, als hätten wir heute beides verspielt, die Vernunft und die Lust. Auf der einen Seite beklagen wir die Zunahme von ungezügelter Bedürfnisbefriedigung. Die Menschen scheinen die Hemmung verloren zu haben, sich auf Kosten anderer zu bereichern oder sich sexuelle Lust zu verschaffen. Sie nehmen aber auch auf ihren eigenen Körper keine Rücksicht mehr – sie vergiften ihn mit Chemikalien, die die Lust steigern sollen, oder sie stopfen Nahrungsmittel in sich hinein, die dem Körper schaden und ihn aufblähen.

Auf der anderen Seite beklagen wir die »Verkopfung« unseres Lebens. Wir haben den Eindruck, alles müsse »vernünftig« sein. Das Gefühl hat keinen Platz mehr in unserem Leben. Dagegen sollten wir wieder lernen, »aus dem Bauch heraus« zu entscheiden.

Dies ist ein Widerspruch, den wir solange nicht verstehen, wie wir nicht einsehen, was Thomas uns zu sagen versuchte: Das Gefühl ist blind ohne die Vernunft, aber die Vernunft ist leer ohne das Gefühl. Wenn Vernunft und Gefühl gegen einander gehetzt werden, kommt etwas heraus, das weder vernünftig ist noch befriedigend. Zwischen Arbeitshetze, Kaufrausch, stumpfem Fernsehkonsum und gelegentlichen Gewaltausbrüchen verspüren immer weniger Menschen die Lebenslust, die sie empfänglich macht für das Gefühl, in der Gnade Gottes zu leben.

Die oft verhöhnte vernünftige Maßhaltung, die Thomas (hierin Aristoteles folgend) lehrte, bekommt, auf diese Weise verstanden, ihren guten Sinn.

Die körperlichen und sexuellen Bedürfnisse zu befriedigen, ist für den Menschen nur in Maßen gut: Maßlosigkeit stört das Gleichgewicht der Bedürfnisbefriedigung. [...] So wird die Genußsucht zu den Lastern gezählt, denn sie ist für den Körper schädlich und behindert die Bedürfnisbefriedigung.

[Summe contra gentiles III, 27]

Maßhaltung ist kein asketisches Ideal und kein äußerer Standard wie etwa Anstand, sondern sie ist Teil der Sicherung des individuellen Wohlergehens. Die Grenze für die Befriedigung der Bedürfnisse wird von innen heraus vom persönlichen Gesamtzusammenhang gesetzt.

Wer kennt nicht die Erfahrung, daß etwas, das an sich Lust bereitet, im Übermaß genossen zu Unlust führt? Die Vernunft, die dann das Maß gebietet, steht im Dienst der Lust – nicht im Dienst der Lustfeindlichkeit.

Nachdem ich gezeigt habe, daß die katholische Lehre im Sinne des Thomas keineswegs leib- und lustfeindlich ist, untersuche ich nun seine Ehelehre. Sie ist nur zu verstehen, wenn die positive Einstellung zur Lust gleichsam als Voraussetzung bekannt ist. Zunächst die Definition:

Die Ehe ist ein Vertrag [contractus], in welchem sich beide gegenseitig die sexuelle Befriedigung [debitum carnale solvendum] versprechen. [Summa theologica, Suppl. 58,1]

Die Definition hört sich wenig romantisch an. Mancher, der gewohnt ist, der katholischen Kirche Sexualfeindlichkeit zu unterstellen, wird hier die Fixierung auf die Sexualität beklagen, wo doch die Ehe »viel mehr« sei. Doch der Reihe nach.

Die Kennzeichnung der Ehe als »Vertrag« – an den meisten Stellen spricht Thomas von *»consensus«*, also Übereinkunft – enthält eine Reihe interessanter Aussagen:

- Einen Vertrag können nur solche Personen schließen, die dies *freiwillig* tun. Gewaltanwendung ist ebenso ausgeschlossen wie die mittelalterliche Praxis, Kinder durch die Eltern zu verheiraten. Darauf wies Thomas nachdrücklich hin.
- Einen Vertrag zu schließen bedeutet, daß die Beteiligten – also in diesem Falle die Eheleute – *gleichberechtigt* sind. Auch dies merkte Thomas wiederholt an.
- Die wahrscheinlich provokativste und überraschendste Aussage in der Kennzeichnung der Ehe als Vertrag ist ihre prinzipielle *Auflösbarkeit*. Diesem entscheidenden Punkt widme ich weiter unten einen eigenen Abschnitt.

Wenden wir uns nun dem zweiten Teil der Definition zu. Der Inhalt des Vertrags ist das Versprechen gegenseitiger sexueller Befriedigung. Das mag den erstaunen, der meint, die katholische Kirche sähe den Zweck der Ehe in der Zeugung von Nachkommen. Wir müssen hier »Zweck« und »Inhalt« genau unterscheiden. Es ist nicht »Zweck« der Ehe, sexuelle Befriedigung zu gewähren, denn für die sexuelle Befriedigung ist die Ehe nicht notwendig. Die Ehe ist nach Thomas in der Tat dazu da, um die Versorgung und Erziehung der Kinder zu sichern. Dazu folgende kurze Textstelle:

Bei der menschlichen Gattung ist es notwendig, daß sich die Eltern einen langen Lebensabschnitt hindurch der Erziehung des Nachwuchses widmen, nicht nur eine kurze Zeit wie bei den

Vögeln. [...] Darum ist es für den Menschen natürlich, daß der Mann nicht nur für kurze Zeit, sondern langanhaltend mit einer bestimmten Frau in Gemeinschaft lebt. Diese Gemeinschaft nennen wir »Ehe«. [Summa contra gentiles III, 122]

Die Ehe ist eine Gemeinschaft, die aus einem Vertrag resultiert, der aus Verantwortung geschlossen wird: Da aus dem Geschlechtsverkehr Nachwuchs hervorgehen kann, wird solch eine Gemeinschaft gegründet, die ihn sichern und erziehen kann. Der naturrechtliche *Zweck* der Ehe richtet sich also tatsächlich auf die Nachkommenschaft. Doch richtet sich die Ehe nicht auf die Nachkommenschaft als ihrem Inhalt, sondern als Verantwortung für die *Folgen* des Handelns – der *Inhalt* des Handelns ist die sexuelle Befriedigung. Dieser Inhalt steht der Liebe und der Freundschaft der Eheleute zueinander nicht entgegen, sondern ist ihm zugeordnet, wie Thomas schrieb:

Auf Grund der sexuellen Vereinigung ist die Gattin mehr zu lieben als die Eltern, denn die Gattin wird dem Gatten verbunden als wären sie ein Leib. [...] Die Gattin wird mehr geliebt, während den Eltern die größere Ehrfurcht gebührt.

[Summa theologica II-II, 26,11]

Freundschaft – oder: Liebe – und Sexualität sind nach Thomas der Natur nach ebensowenig entgegengesetzt wie Vernunft und Gefühl. In der sexuellen Befriedigung besteht das Kennzeichen der ehelichen Freundschaft in Abgrenzung zu anderen Formen der Freundschaft. Dies mag in gleicher Weise eine Utopie sein wie Thomas' Ideal einer vernünftigen Sinnlichkeit – eine Utopie, deren Verwirklichung die »beschädigte Natur« des Menschen entgegensteht. Gleichwohl sollte auch diese Utopie als Ideal so weit wie möglich angestrebt werden.

Aus Verantwortung wird die Sexualität auf die Ehe eingeschränkt. Das Ziel der Ehe ist die sexuelle Ausschließlichkeit. Es ist geradezu lächerlich, wenn man heute so tut, als sei Sexualität ein untergeordnetes Kriterium der Ehe. Alle anderen Formen der Freundschaft wie das Gespräch, die gegenseitige Hilfeleistung und sogar eine gemeinsame Haushaltsführung sind auch mit verwandten oder bekannten Menschen möglich, mit denen man keine Ehe eingeht. Thomas kennzeichnete die Ehe völlig überzeugend, als er als deren bestimmendes Kennzeichen die sexuelle Befriedigung angab. Jede andere Definition kann nur abwegig sein.

Was nun die Dauer der Ehe angeht – oder deren »Unauflöslichkeit« – so haben wir in den bisherigen Zitaten nur wenig Konkretes gefunden: Die formale Definition der Ehe als Vertrag legt sogar eher eine Auflösbarkeit nahe. Auch der Zweck der Ehe, die Nachkommen zu sichern, veranlaßt bloß zu einer »langdauernden« Gemeinschaft. Auf die Frage nach der naturrechtlichen Grundlage der Forderung nach einer Unauflöslichkeit der Ehe gab Thomas zwei Argumente:

Wenn Fruchtbarkeit und Reiz der Frau schwinden, wird ein anderer Mann wenig Anlaß haben, sie zu sich zu nehmen. Wenn also ein Mann, der eine Frau in der Zeit ihrer Jugend zu sich nahm, als sie reizend und fruchtbar war, sie entlassen könnte, nachdem sie ein fortgeschrittenes Alter erreicht hat, würde er die Frau entgegen der natürlichen Gleichheit benachteiligen. [...]

Je größer eine Freundschaft ist, desto fester und dauernder ist sie. Zwischen Mann und Frau aber scheint die größte Freundschaft zu bestehen: Sie vereinen sich nicht nur in der Sexualität, die sogar unter Tieren eine gewisse zärtliche Gemeinschaft bewirkt, sondern auch zur Gemeinschaft der ganzen Haushaltsführung. [Summa contra gentiles III, 123]

Hier haben wir wieder das Motiv, das zur Ehe führte, nämlich die Verantwortung: Die Verantwortung bezieht sich, wie Thomas an dieser Stelle sagte, nicht nur auf die Kinder, sondern auch auf die Frau. Das ist auf dem Hintergrund einer Gesellschaft, in der kein »soziales Netz« jeden versorgt, gut verständlich. Allerdings ist es ein Argument, das wiederum nicht *unbedingt* gilt. Eine Frau etwa, die über ein eigenes Einkommen oder Vermögen verfügt, um sich erhalten zu können, fiele nicht unter die dauernde Fürsorgepflicht ihres Gatten.

Auch das zweite Argument ist ziemlich »weich«: In der Tat strebt die Liebe nach Dauer. Aber die Erfahrung lehrt, daß sie dennoch zu Ende gehen kann. Dann hat das zweite Argument von Thomas keinen Sinn mehr.

Im nächsten Abschnitt werde ich zeigen, daß dies die Konsequenz aus der Lehre des Thomas ist: Die Ehe sollte zwar unauflöslich sein, dennoch kann sie sich auflösen.

Thomas lebte sowieso in einer Zeit, in der sich der kirchliche Segen für die Ehe erst noch durchsetzen mußte. Die eheliche Gemeinschaft wurde im ganz wörtlichen Sinne sehr natur- oder gewohnheitsrechtlich eingegangen. Für die meisten Menschen gab es überhaupt keine institutionelle Einmischung – diese galt fast ausschließlich den Adeligen, für die die Ehe ein politisches Mittel des Machterhalts und der Machtvermehrung darstellte.

Es war zu Thomas' Zeiten noch gar nicht so lange her, da hat die Kirche es sogar abgelehnt, Ehen zu schließen – die Eheschließung fand außerhalb der Kirche auf dem Vorplatz statt, weil es sich um eine weltlich-irdische Angelegenheit handelte. Viel in den Abhandlungen über die Ehe von Thomas war als ein Ratschlag oder eine Handreichung formuliert, nicht etwa als ein Gesetz oder eine kirchlich-verbindliche Forderung. So diskutierte er (Summa theologica, Suppl. 64) Fragen, wie die Eheleute mit ihren sexuellen Bedürfnissen umgehen sollen. Alle Antworten gingen von der gegenseitigen Rücksichtnahme aus: »Zunächst geht es immer um das Wohlergehen der Person« (in: ebd., Artikel 1).

Das Sakrament der Ehe ist errungen worden in der Überwindung einiger asketischer Vorstellungen der frühmittelalterlichen Kirche. Die Bedeutung des Sakramentes ist die Heiligung des guten Lebens im Diesseits. Keineswegs steht das Sakrament für ein sexualfeindliches Ideal in der Ehe oder – schlimmer noch – für die Forderung, daß eine Ehe in menschenfeindlicher Art weiterbestehen solle, wenn sich ihre Grundlagen aufgelöst haben.

Bei der Behauptung, Thomas habe die kirchlich geforderte Unauflöslichkeit der Ehe naturrechtlich untermauert, wird nicht scharf unterschieden zwischen zwei Aussagen:

1. nämlich einer möglichen *Auflösung* der Ehe, wenn die Grundlagen der Ehe nicht mehr gegeben sind, und
2. einer einseitigen und selbstherrlichen *Entlassung* der Frau durch den Mann (»Scheidung«).

Unter Scheidung wurde von Thomas im wesentlichen ein Sonderfall behandelt, nämlich – nach Matthäus 5,32 – die Scheidung aufgrund von »Unzucht«. Thomas verstand diese Bibelstelle so, daß sich das Wort »Unzucht« vornehmlich auf Ehebruch bezieht.

Bevor wir zu der wesentlichen Unterscheidung zwischen Auflösung und Entlassung kommen, muß ich darlegen, daß Thomas überhaupt die Regeln oder Gesetze für die Ehe als *nicht* naturrechtlich begründet betrachtete:

Bigamie ist kein Verstoß gegen das Naturrecht, sondern [nur] gegen das positive Recht. [Summa theologica, Suppl. 66,5]

Diese Aussage wird brisant, wenn man bedenkt, daß Thomas für das positive Recht keine große Verbindlichkeit annahm:

Da das Naturrecht seine verpflichtende Kraft nicht aus dem geschriebenen Gesetz zieht, kann das geschriebene Gesetz auch nicht das Naturrecht mindern oder aufheben. [...] Wenn daher das geschriebene Gesetz dem Naturrecht widersprechen sollte, ist es nicht verpflichtend. [Summa theologica II-II, 60,5]

Thomas kündigte seinen Traktat über die Ehe in der »Summa theologica« an einer früheren Stelle unbestimmt an:

Die Verbindung zwischen Mann und Frau, die »Ehe« heißt, unterliegt gewissen Gesetzen. Wie diese bei uns lauten, wird im dritten Teil dieses Werkes erläutert. [Summa theologica II-II, 154,2]

Die Geltungskraft, die Thomas jeweils herrschenden Ehegesetzen zusprach, war also gering: Sie sind nicht naturrechtlich verankert und können sich je nach gesellschaftlichen und geschichtlichen Umständen wandeln. Daß er dies so ansah, war konsequent, da ihm sehr wohl die Verschiedenartigkeit der Ehegesetze in der Antike, in der altisraelischen Gesellschaft und in seiner eigenen Zeit bewußt war.

Thomas gestand ganz generell zu, daß es eine zeitgebundene Dimension im Recht gibt:

Immer muß die Gerechtigkeit gewahrt werden. Die nähere Bestimmung dessen, was nach menschlicher oder göttlicher Verfügung gerecht ist, ändert sich jedoch nach der verschiedenen Lebensordnung der Menschen. [Summa theologica I-II, 104,3]

Die Ehegesetze dürfen sich demnach *nie* gegen die naturrechtlichen Grundlagen richten; sofern sie das tun, sind sie Unrecht. Thomas leitete aus seiner grundlegenden Definition der Ehe als »Vertrag, in welchem sich beide gegenseitig die sexuelle Befriedigung versprechen« eine Reihe von Umständen ab, die eine Ehe »verhindern«. Zunächst kann, wie gesagt, eine gültige Ehe gar nicht erst entstehen, wenn nicht beide eine freiwillige Zustimmung geben. Das heißt, daß keiner der beiden Partner mit Gewalt gezwungen worden sein darf und daß beide im Vollbesitz ihrer geistigen Kräfte gewesen sein müssen. Außerdem darf keiner der beiden Partner durch Leibeigenschaft in der freien Verfügung über seinen Körper gehindert sein – weil ja durch den Vertrag dem Ehepartner die Verfügung über den Körper zugesprochen wird.

Obwohl die Frage der Leibeigenschaft heute nur noch historisch interessant ist, möchte ich dazu einen Gedanken des Thomas zitieren. Denn der Gedanke beleuchtet seine naturrechtliche Argumentation sehr gut:

Das positive Recht entspringt dem Naturrecht. Da Leibeigenschaft eine Angelegenheit des positiven Rechts ist, kann sie nicht in das eingreifen, was das natürliche Recht des Leibeigenen ist. Sein natürliches Bedürfnis richtet sich auf die Erhaltung seines Körpers und seiner Art durch Zeugung. Darum darf der Herr dem Leibeigenen nicht das vorenthalten, was er zu seinem leiblichen Leben benötigt; ebenso darf er ihn nicht hindern, eine Ehe einzugehen. [Summa theologica, Suppl. 52,2]

In dieser Passage ging Thomas wiederum über die enge Begrenzung der Gesellschaft hinaus, die er vorfand: Naturrechtlich betrachtet ist die Leibeigenschaft sowieso eine problematische Institution.

OHNE SEXUALITÄT KEINE EHE

Zurück zu der Frage der Ehehindernisse. Der Begriff »Hindernis« weist auf den ursprünglichen Zusammenhang: Es handelt sich um etwas, das eine Eheschließung verhindert, falls es vorliegt. Das heißt, daß die Lehre von den Ehehindernissen zunächst nichts mit einer Auflösung der Ehe zu tun hat.

Dies ändert sich allerdings, wenn wir einen Sonderfall des Ehehindernisses betrachten: Es könnte bei der Eheschließung hinsichtlich des Nicht-Vorliegens eines Hindernisses ein Irrtum bestehen oder sogar eine vorsätzliche Lüge. Es ist klar, daß aufgrund der Definition der Ehe als Vertrag die nachträgliche Erkenntnis eines Hindernisses zur Auflösung führen kann. Denn ein Vertrag, der unter falschen Voraussetzungen geschlossen wird, gilt als nichtig.

Ein Hindernis, das Thomas ausführlich behandelte, heißt Frigidität (*»frigiditas«*) und meint hauptsächlich »Impotenz« (Summa theologica, Suppl. 58,1). Wir kennen das aus vielen Dramen um die Köngishäuser: Die Behauptung des »Nichtvollzugs« der Ehe galt als geschickte Möglichkeit, eine Ehe mit kirchlichem Segen aufzuheben.

Allerdings sprach Thomas nicht nur davon, daß die Ehe *nie* »vollzogen« worden ist. Er sagte vielmehr, daß es die Ehe auflöse (*»solvit«*), wenn Sexualität dauerhaft fehle. Mit »dauerhaft« wollte er ausschließen, daß vorübergehende sexuelle Abstinenz wie Krankheit, Unlust, Abwesenheit usw. zu einer Auflösbarkeit der Ehe führt.

Entscheidend ist, sehr genau zu lesen: Nicht Kinderlosigkeit kann zur Auflösung der Ehe führen, wie dies in den adeligen Kreisen als Grundsatz galt, weil die Sicherung der Erbfolge von überragender Bedeutung war. Das *Haben* von Kindern ist nicht unmittelbarer Bestandteil der Ehedefinition. Die Ehepartner können sich überhaupt nicht versprechen, Kinder zu bekommen, weil es nicht in ihrer Verfügungsmacht liegt (oder jedenfalls lag), ob sie zeugungsfähig sind.

Die Konsequenz, daß eine Ehe ohne Sexualität aufgelöst werden könne, ist dagegen unabweislich: Wenn Sexualität das inhaltliche Definitionsmerkmal der Ehe ist, hört sie auf zu bestehen, wenn dieses Merkmal *dauerhaft* entfällt. Es ist nicht möglich, vertraglich die sexuelle Ausschließlichkeit zu fordern und dann die Sexualität nicht als Teil der Ehe zu sehen. Doch muß ich hier noch präziser sein: Die Ehepartner können auf Sexualität verzichten – sei es aus Unlust oder aus religiösen Gründen –, aber nur durch *gemeinsamen* Entschluß. Genauso kann es ein Ehepartner tolerieren, wenn der andere aus körperlichen Gründen impotent wird. Die Auflösung folgt also nicht *automatisch* aus der Impotenz oder aus der sexuellen Inaktivität, sondern nur dann, wenn mindestens *einer* der Ehepartner mit dieser Situation nicht klar kommt.

Das ist ja auch das heute sogenannte »Zerrüttungsprinzip«: Eine Ehe gilt dann als gescheitert, wenn eine dauerhafte »Trennung von Tisch und Bett« vorliegt *und* einer von beiden dies nicht erträgt.

Es ist eindeutig: Thomas empfahl nicht, eine solche Auflösung leichtfertig oder unverantwortlich vorzunehmen. Es sind eventuell gezeugte Kinder zu bedenken ebenso wie die Frage, ob beide Ehepartner nach der Trennung wirtschaftlich zurecht kommen. Das folgt aus dem Zweck der Ehe, wie ihn Thomas bestimmt hat.

DAS PROBLEM DES EHEBRUCHS

Es gibt einen Anlaß, der traditionell zum Zerwürfnis zwischen Eheleuten führt, dem Thomas eine besondere Beachtung schenkte: Das ist der Ehebruch oder die »Unkeuschkeit«. Neben dem Ehebruch führte Thomas noch andere Formen der Unkeuschheit an, etwa die Forderung nach Sex, wenn dies aufgrund kirchlicher Feiertage nicht tunlich war.

Ehebruch oder andere Formen der Unkeuschheit sind für sich genommen nach Thomas *keine* Gründe, eine Ehe aufzulösen: Solange der betrogene Ehepartner weiter bereit ist, mit dem Betrüger zu schlafen, liegt zwar ein Bruch der Treue vor, aber kein Ende der Ehe im Sinne einer Auflösung.

Die Frau zu entlassen, war allerdings im Alten Testament den Juden erlaubt »wegen ihrer Hartherzigkeit« (Mt 19,8): Sie waren nämlich bereit, die Frau [im Falle des Ehebruchs] zu töten. Darum wurde die Scheidung als ein kleineres Übel erlaubt, um ein größeres Übel zu verhindern. [Summa contra gentiles II, 123]

Die Vorstellung, eine Ehebrecherin töten zu dürfen, war auch der Gesellschaft nicht fremd, in der Thomas lebte. Entschieden wies er die Behauptung zurück, der Mann dürfe die ehebrecherische Frau töten:

Mann und Frau sind rechtlich ebenbürtig. Wenn die Frau den ehebrecherischen Mann nicht töten darf, darf dies auch der Mann nicht mit der ehebrecherischen Frau tun. [...]

Im weltlichen Recht darf die Todesstrafe nur für Mord oder ähnliche Verbrechen verhängt werden. [...] Das kirchliche Recht kann sie schon gar nicht verhängen, weil die Kirche nicht das materielle, sondern nur das geistige Schwert führt. [...]

In keinem Fall also darf der Mann seine ehebrecherische Frau kraft eigener Herrlichkeit töten.

[Summe theologica, Suppl. 60,1]

Das, was Thomas den Juden unterstellte, galt in gleicher Weise für seine eigene Gesellschaft: Er gestand zu, daß nach Ehebruch die Frau entlassen [*»dimittere«*] werden könne. Das folge aus Matthäus 5,32: »Wer seine Frau entläßt, obwohl kein Fall von Unzucht vorliegt, liefert sie dem Ehebruch aus.« Thomas drehte diese Aussage herum: *Wenn* ein Fall von Unzucht vorliege, könne die Frau entlassen werden. Allerdings zählte er sieben Gründe auf, die die »Entlassung« einer Frau durch ihren Ehemann nicht rechtens machen:

Erstens, wenn der Mann auch Unzucht begeht. – Zweitens, wenn die Frau ihm ihre Unzucht gesteht. – Drittens, wenn die Frau aufgrund langer Abwesenheit annimmt, daß der Mann verstorben ist. – Viertens, wenn die Frau in die Unzucht einwilligt, um den Mann daran zu hindern, Ehebruch zu begehen. – Fünftens, wenn der Frau Gewalt angetan wird. – Sechtens, wenn der Mann der Frau verziehen hat, indem er mit ihr sexuell verkehrte. – Siebentens, wenn der Mann der Frau unter Bruch seines Treueversprechens den Scheidungsbrief gegeben und die Frau jemand anderen geheiratet hat. [Summa theologica, Suppl. 62,2]

Es ging Thomas an dieser Stelle offensichtlich nicht darum, die Auflösbarkeit der Ehe schlechthin abzustreiten, sondern die Auflösung der Ehe wegen falscher Gründe zu verhindern. Die Ehe löst sich auf, wenn ihr definitorischer Bestand gefährdet ist, das heißt wenn ihr die Sexualität ohne beiderseitige Zustimmung entzogen wird. Andere Gründe gibt es nicht – auch nicht Ehebruch (und schon gar nicht Kinderlosigkeit).

Differenziert nach Auflösung oder Scheidung der Ehe beantwortete Thomas die Frage einer möglichen Wiederverheiratung. Selbstverständlich können beide Seiten nach Auflösung der Ehe eine neue Ehe eingehen. Streng genommen ist das gar keine »neue« Ehe, weil ja eine echte Ehe vorher gar nicht bestanden hatte.

Ganz anders liegt der Fall nach einer Scheidung: Wenn ein Mann seine Frau »entläßt« – oder besser gesagt: verstößt –, darf er als Unrechtstäter nicht erneut heiraten. Eine Frau allerdings, der ja durch die Verstoßung das Unrecht angetan worden ist, darf sehr wohl erneut heiraten. Dies zeigt der siebente Punkt in dem letzten Zitat: Ein Mann, der seine Frau verstoßen hat, kann sie nicht des Ehebruchs anklagen, wenn sie dann neu heiratet. Diese Aussage von Thomas ist übrigens ein eindeutiger Verstoß gegen Matthäus 5,32. Dort heißt es: »Wer eine Frau heiratet, die aus der Ehe entlassen worden ist, begeht Ehebruch.« Im Abschnitt über den »Gehorsam« werde ich den eher lockeren Umgang von Thomas mit den biblischen »Befehlen« oder anderen »Autoritäten« noch genauer betrachten.

Es gibt kaum ein Thema, das der katholischen Kirche so viele Menschen entfremdet wie die Geburtenkontrolle oder Familienplanung, sei es in der Form von Empfängnisverhütung, sei es in der Form von Abtreibung.

Ich nehme an dieser Stelle einen von Thomas zitierten Gedanken des heiligen Augustinus zur Grundlage – Augustinus ist ein Kirchenvater, der wesentlich asketischere Ideale lehrte als Thomas:

Da nun das Menschengeschlecht nach der ersten Verbindung des aus Staub geschaffenen Mannes und der aus des Mannes Seite gebildeten Frau der geschlechtlichen Vereinigung von Mann und Frau bedurfte, um sich durch Zeugung fortzupflanzen, und da es keine Menschen außer denen gab, die von diesen beiden abstammten, nahmen die Männer ihre Schwestern zu Frauen. Das geschah in der Urzeit unter dem Zwang der Notwendigkeit. [Augustinus, De civitas dei, 5,16. Zitiert bei Thomas: Summa theologica II-II, 154,9.]

Es ist kaum einzusehen, warum Gott am Anfang nach der Schöpfung den Menschen angesichts der Unterbevölkerung den Inzest erlaubt hat, während er ihnen angesichts einer Überbevölkerung nicht gestatten sollte, Maßnahmen der Familienplanung zu ergreifen. Daß Gott unmittelbar darüber zu uns spricht, ist eher unwahrscheinlich: Gott hat uns, Thomas zufolge, die Vernunft gegeben, um seine Befehle sinnvoll auszulegen.

Zu der Frage, ob die Gebote des alten Testamentes Ausnahmen zugelassen haben, schrieb er:

Die Beachtung des Arbeitsverbotes am Sabbat ist ein Gebot des Dekalogs. Von diesem Gebot wurde jedoch entbunden. Es heißt nämlich im ersten Buch der Makkabäer 2,41: »Und sie beschlossen noch am gleichen Tag: Wenn uns jemand am Sabbat angreift, werden wir gegen ihn kämpfen, damit wir nicht alle umkommen wie unsere Brüder in den Höhlen.« Also lassen die Gebote des Dekalogs Ausnahmen zu.

Dazu sage ich: Dieser Beschluß war mehr eine Auslegung des Gebotes als eine Ausnahme. Denn wer etwas tut, was zur Rettung der Menschen notwendig ist, kann, wie es Matthäus 12,3ff heißt, nicht als Sabbatschänder gelten.

[Summa theologica I-II, 100,8]

Direkt bezogen auf die Geburtenkontrolle findet sich ein Beispiel in dem Buch »Politik« von Aristoteles. Thomas hatte begonnen, dieses Buch zu kommentieren, einer seiner Schüler, Peter von Auvergne, führte nach Thomas' Tod den Kommentar zu Ende. Aristoteles befürwortete die Abtreibung, um die Übervölkerung eines Landes zu verhindern. Die Alternative, die Aristoteles diskutierte, war die Tötung von *geborenen* Kindern. Das verwarf er jedoch als Mord. Demgegenüber sei es vorzuziehen, wenn die Leibesfrucht abgetrieben werde, bevor sie »Wahrnehmung und Leben erhalten« habe (Aristoteles, Politik, 7,16: 1335b20ff).

Im Kommentar wird dieser Argumentation vollkommen zugestimmt:

Es handelt sich um die Frage nach der kleineren Schuld. [...] Die Abtreibung muß stattfinden, bevor sich die Sinne und das Leben entwickelt haben. Danach handelt es sich um Mord, einer großen Sünde. Ob es sich um Leben handelt oder nicht, richtet sich nach der Entwicklung der Sinne und der Bewegung. [...] Aristoteles will die Abtreibung nicht an sich rechtfertigen, sondern sie stellt das kleinere Übel dar. [In politicorum continuatio, 7,12,22]

Daß eine *frühe* Abtreibung kein Mord sein kann, folgt eindeutig aus den Prämissen von Thomas' Seelenlehre:

Es ist lächerlich zu sagen, eine geistige Substanz werde entweder durch Teilung des Körpers geteilt oder auch von einer körperlichen Kraft hervorgebracht. Die menschliche Seele aber ist eine geistige Substanz. [...] Daher fängt die menschliche Seele keineswegs durch Übertragung des Samens an zu sein.

[Summa contra gentiles II, 86]

Während nach der Zeugung der Embryo zunächst ein vegetatives, und dann ein animalisches Leben herausbilde, werde die spezifisch menschliche Seele erst danach von Gott aus Gnade hinzugefügt (vgl. ebd., Kapitel 89).

Abtreibung darf – Thomas zufolge – nicht unter die Kategorie »Mord« gefaßt werden, da das ungeborene Kind mit der Mutter verbunden sei »wie ein Teil mit dem Ganzen«. Aus diesem Grunde sei das Kind noch *nicht* Teil des »menschlichen Zusammenlebens«. Das ungeborene Kind könne darum nicht Subjekt einer menschlichen Handlung sein (Summa theologica III, 64,11). Ich verstehe diese Argumentation dahingehend, daß das Verhältnis zwischen der Mutter und ihrem *ungeborenen* Kind kein Rechtsgegenstand ist. Denn das menschliche Recht regelt das Zusammenleben selbständiger Subjekte. Dagegen ist das ungeborene Kind bereits »Subjekt von göttlichen Handlungen«, da es »vor Gott schon lebt« (ebd.). Insofern ist es ganz richtig, Abtreibung zu einer Frage zu machen, die die schwangere Frau mit ihrem *Gewissen* auszuhandeln hat. Wenn sie dafür Beistand oder Rat wünscht, ist ihr der zu gewähren. Die Entscheidung jedoch obliegt rechtmäßig nur ihr.

Niemand sagt, daß Abtreibung an sich eine gute Sache sei. Aber es gibt Lebensumstände von Frauen oder – im Falle von Überbevölkerung – von ganzen Gesellschaften, die sie zu einem »kleineren Übel« machen. Ein noch kleineres Übel ist selbstverständlich die Verhütung, wie sie die katholische Kirche heute aus völlig abwegigen Gründen verbietet.

Abwegig sind die Gründe jedenfalls dann, wenn man die Lehre des Thomas irgendwie ernst nimmt. Zunächst einmal behauptet die heutige Kirche, der sexuelle Akt sei ausschließlich erlaubt, wenn er zur Zeugung gedacht werde. Schauen wir uns dazu die Bestimmung an, die Thomas den Geschlechtsorganen gab:

> Da die Glieder des Körpers gewissermaßen Werkzeuge der Seele sind, ist der Zweck eines jeden Gliedes sein Gebrauch, wie es bei jedem anderen Werkzeug der Fall ist. Der Gebrauch bestimmter Körperteile ist die leibliche Vereinigung. Die leibliche Vereinigung ist damit der Zweck dieser Körperteile. Was aber Zweck irgendwelcher natürlicher Dinge ist, kann nicht an sich schlecht sein. [Summa contra gentiles II, 126]

Ein überraschender Gedanke: Der primäre Zweck der Geschlechtsorgane sei Sexualität, nicht Zeugung. Die Zeugung sei demgegenüber der sekundäre Zweck. Natürlich sei die Sexualität irgendwie auf die Zeugung ausgerichtet, jedoch erst in mittelbarer Weise.

Aus der Ehelehre des Thomas läßt sich noch klarer herauslesen, warum Sexualität nicht an den aktuellen Zeugungswillen gebunden ist: In der Ehe wird die sexuelle Befriedigung gegenseitig versprochen. Die dauerhafte Verweigerung der sexuellen Befriedigung führt zur Auflösung der Ehe. Dann würde ja die heutige Auffassung der katholischen Kirche bedeuten, daß zur Geburtenkontrolle bei Überbevölkerung die Ehen aufgelöst werden müßten! Ebenso würde folgen, daß in einer Ehe, in der die Eheleute beschließen, genug Kinder zu haben (oder gar keine Kinder haben zu wollen), die völlige sexuelle Enthaltsamkeit notwendig wäre – das könnte jedoch wiederum die Auflösung der Ehe zur Folge haben!

Dies war nicht die Meinung von Thomas. Die Enthaltsamkeit –

oder »Jungfräulichkeit« – war ihm zufolge etwas, das nur sehr wenigen Menschen zukommt. Es ist gewissermaßen eine widernatürliche Lebensform, die nur unter der Besonderheit ihrer Hinwendung zu Gott überhaupt akzeptabel ist. Für alle anderen Menschen gilt: Wer keine Kinder zeugen will, soll verhüten. Wenn es dennoch passiert, daß ein Kind gezeugt wird, muß man gut abwägen, ob Abtreibung vielleicht das kleinere Übel sein könnte.

Philosophisch problematisch werden Thomas' Stellungnahmen zur Sexualität, wo er bei der Verurteilung bestimmter Formen der Liebe, etwa gleichgeschlechtlicher, seinen eigenen Naturbegriff aus ideologischen Gründen verriet.

So behauptete er in der »Summa theologica« (II-II, 154,12 ad 1), die Ordnung der Vernunft sei vom Menschen, die Ordnung der Natur jedoch von Gott. Und folgerte: Da wir Gott mehr gehorchen sollen als dem Menschen, müßten wir uns in der Sexualität »nach der Natur« richten. Und wenn dort keine Homosexualität zu beobachten sei, dürfe daraus geschlossen werden, daß Gott keine gleichgeschlechtliche Liebe vorgesehen habe.

Dies hört sich logisch an, aber die Prämisse ist schlechterdings gegen das Zentrum des Thomismus gerichtet. Denn man müßte dieser Prämisse zufolge annehmen, daß die Ausübung der Vernunft an sich »unnatürlich« wäre, da auch sie nicht in anderen Naturwesen beobachtet werden kann. Von einer solchen Prämisse ausgehend läßt sich durchaus eine christliche Theologie begründen, nicht aber die thomistische Synthese. Nach Thomas gibt es zwei Naturbegriffe:

> Der eine [Naturbegriff] geht von dem natürlichen Stoff aus, der andere von dem, was stofflos ist, nämlich dem Denken.
>
> [In de anima, II.12]

Thomas hielt *meist* dafür, das Denken sei das Spezifische des Menschen und darum sei Denken die ihm zukommende Natur. Weil nun keine Form von Sexualität, die niemandem schadet, vernünftig zu verurteilen ist, darf sie nicht mit Hinweis auf die Natur unter ein religiöses Verbot gestellt werden. Denn dann würde unterstellt, Gott widerspräche sich selbst. Und das ist Blasphemie.

Noch von einer anderen Seite aus können wir heute die Argumentation von Thomas kritisieren: Die Behauptung, es gäbe in der Natur keine Homosexualität, ist selbst ein ideologisch begründeter blinder Fleck. Homosexualität ist, wie wir heute wissen, in der Natur durchaus verbreitet (vgl. Volker Sommer, *Wider die Natur? Homosexualität und Evolution,* München 1990). Im Altertum und im Mittelalter galten – allerdings fälschlicherweise – Hasen, Wiesel und Hyänen als homosexuell. Zu den Tieren, bei denen nach Ansicht der heutigen Verhaltensforschung Homosexualität vorkommt, zählen neben verschiedenen Insekten besonders bestimmte Arten monogam lebender Seemöven, bei denen zwischen 8 und 14 Prozent der fest zusammenlebenden Paare »lesbisch« sind, die Grauen Languren sowie die Bonobos, die nächsten Verwandten des Menschen.

Man muß aber bei der Bewertung von Thomas' Haltung zur Homosexualität bedenken, daß er *alle* Sünden im Zusammenhang der Sexualität als untergeordnet ansah: Sie »richten sich nicht gegen Gott« (Summa theologica II-II, 154,3), *sofern* sie »kein Unrecht gegen eine andere Person« einschließen (154,12). Diese Bedingung ist bei der Homosexualität offensichtlich gegeben.

Neben dem Hinweis auf die Unstimmigkeit, mit der Thomas den Begriff der *Natur* bei seiner Argumentation gegen sexuelle »Sünden« verwandte, ist meines Erachtens außerdem ein heute oft vergessener Aspekt des Begriffs der *Sünde* zu bedenken. Die Bezeichnung einer Handlung als »Sünde« kann unter keinen Umständen gleichgesetzt werden mit einem religiös-partikularen oder mit einem vernünftig-allgemeinen Verbot.

An keinem Beispiel wird das so deutlich wie in der Abhandlung über den Zorn, die sich in der »Summa theologica« (II-II, 158) findet. Der Zorn richtet »größten Schaden« [*maxime nocet*] an, verursacht »Unordnung« [*inordinatio irae*], seine »Zwecke« oder wenigstens seine »Mittel« sind »ungehörig« [*indebitum appetibile, indebitum modum*]. Aber gleichwohl handelt der Zornige *»sub ratione justae vindictae«* – unter dem Gesichtspunkt der gerechten Vergeltung (alle Zitate: Summa theologica II-II, 158,5). Obgleich jeder Zorn sündig ist, gibt es dennoch nicht nur ein zu viel, sondern auch ein zu wenig an Zorneswallung (ebd., 158,1).

Zorn – gerecht und doch sündig. Das ist das Paradox, dem wir uns bei allen Leidenschaften demütig zu stellen haben.

Ist es überhaupt christlich, wie Thomas bei der Argumenten zur Ehe vorging? Hätte es nicht ausgereicht, relevante Stellen aus der Bibel zusammenzusuchen und sich dann danach zu richten?

Eine derartige sektiererische Haltung war Thomas fremd. Denn »katholisch« bedeutet: *allgemein.* Die Grundlagen des Zusammenlebens müssen *allgemein* verbindlich sein, also aus der Vernunft abgeleitet werden, die für alle gilt; dagegen dürfen sie nicht auf Regeln beruhen, die einem – wie Thomas durchaus bewußt war – immer bloß *partikularen* Glauben entstammen. Damit knüpfte er an die neutestamentarische Überwindung des Gesetzes an. In einer Vorlesung zum Galater-Brief sagte er (laut seinem Schüler Reginald von Piperno):

Nachdem wir durch Christus Zugang zum Vater erlangt haben, unterrichtet uns nicht mehr das Gesetz vom Willen Gottes, sondern Gott selbst. [Super ad Galatas 2,6]

Thomas ging bei der Interpretation des Willen Gottes von einem kompromißlos individualistischen Standpunkt aus:

Wir wissen, was Gott im allgemeinen will: nämlich das Gute. Wer demnach mit guten Gründen will, hat seinen Willen in Übereinstimmung mit Gott. Was Gott im einzelnen will, wissen wir nicht. In diesem Bereich brauchen wir auch nicht zu versuchen, unseren Willen dem Willen Gottes konform gehen zu lassen.
[Summa theologica I-II, 19,10]

Die Anleitung zur rechten Lebensführung gibt Gott nicht durch Befehle oder Gesetze, sondern dafür hat er dem Menschen die Vernunft und das Gewissen gegeben. Diese Werkzeuge soll er einsetzen, um den guten Weg zu finden. Niemals ist es richtig, einem Befehl oder einem Gesetz als solchem zu gehorchen, immer muß der Gehorchende überprüfen, ob das, was ihm da angeordnet worden ist, auch mit der Gerechtigkeit übereinstimmt.

Ungerecht können Gesetzte in zweierlei Hinsicht sein. Einmal durch einen Gegensatz zum menschlichen Gut. [...] Derartige Gesetze verpflichten nicht das Gewissen, es sei denn, um Ärgernis oder grobe Unordnung zu vermeiden. [...] In einer zweiten Weise können Gesetze ungerecht sein durch den Gegensatz zum göttlichen Gut. [...] Solche Gesetze dürfen auf gar keinen Fall befolgt werden. [Summa theologica I-II, 96,4]

Mit drei Beispielen möchte ich deutlich machen, wie konsequent Thomas das Widerstandsrecht – oder sogar: die Widerstandspflicht – gegen ungerechte Anordnungen ansetzte. Das erste Beispiel stammt aus dem politischen Bereich:

Wer mit Gewalt zum Vorgesetzten wird, ist kein wahrer Vorgesetzter. Darum muß man solchen Vorgesetzten nicht Folge leisten. [Sentenzen II, 44,2,2ra4]

Das zweite Beispiel betrifft die Rechtsprechung und ist, wie ich finde, besonders eindrucksvoll:

Der Henker darf, wenn der Richter einen Unschuldigen verurteilt und dieses Urteil einen unerträglichen Irrtum enthält, nicht gehorchen (andernfalls wären ja die Schergen, die die Märtyrer töteten, entschuldigt). [Summa theologica II-II, 64,7]

Thomas verlangte hier also vom Befehlsempfänger ein qualifiziertes Urteil über die Gerechtigkeit des Befehls. Denn wer aufgrund eines ungerechten Befehls einem anderen Menschen schadet, macht sich schuldig. – Das letzte Beispiel stammt aus dem kirchlichen Bereich:

Die Geheimhaltung des Beichtinhaltes folgt aus dem Sakrament selbst. Darum darf [der Priester] selbst unter Androhung der Exkommunikation, falls er sein Wissen über eine [gebeichtete] Sünde verschweige, nichts preisgeben.
[Summa theologica, Suppl. 11,1]

Dies ist die frohe Botschaft: Wir sind frei zu handeln, wie es unser Gewissen als vernünftig ansieht. Aber diese Freiheit des Christen ist auch eine Bürde, denn wir laden Schuld auf uns, wenn wir aus Bequemlichkeit oder aus Feigheit den Anordnungen der Obrigkeit selbst dann Folge leisten, wenn diese offensichtlich ungerecht sind.

Man sollte die Dinge bei den Namen nennen – das empfiehlt der Philosoph [Aristoteles] – die für sie üblich geworden sind. So wird im allgemeinen derjenige als »weise« bezeichnet, der sich auf das richtige Ordnen und gute Lenken versteht. [...] Für alles, was zielgerichtet ist, muß man den Maßstab des Lenkens und Ordnens dem Ziel entnehmen. Optimal ist etwas eingerichtet, wenn es in angemessener Weise sein Ziel erreichen kann. Denn im Ziel besteht das jeweilige Gut. [Summa contra gentiles I, 1]

Dies sind die Worte, mit denen Thomas seine »Summe gegen die Heiden« einleitete. Bei näherem Hinsehen enthalten bereits diese Sätze eine Provokation zur Methode des Denkens: Heute gehen die Wissenschaftler meist so vor, daß sie *entweder* die Meinung der Leute unkritisch aufnehmen – wie das beispielsweise bei statistischen Untersuchungen oft der Fall ist –, *oder* sie wollen um der Exaktheit willen Begriffe in willkürlicher Weise eindeutig definieren. Daraus entsteht dann ein Fachjargon, der die Vielschichtigkeit der Sprache ignoriert. Der Fachjargon ist allerdings nicht mehr in der Lage, die vielschichtige Wirklichkeit zu benennen.

Thomas zeigte einen dritten Weg auf: Die Worte werden zunächst in ihrem üblichen Begriffsinhalt belassen. Eine Argumentation etwa, die mit der Aussage beginnt: »Gott ist eine mathematische Gleichung« wäre selbst dann unsinnig, wenn alles, was aus ihr gefolgert wird, in sich völlig stimmig wäre. Denn das Wort »Gott« wird üblicherweise in einem anderen Sinne gebraucht. Wir müssen jedoch auch beachten, daß die Worte Dinge bezeichnen, die ihrer eigenen inneren Logik folgen. Wenn es also üblich ist, sich Gott als alten Mann mit Bart vorzustellen, müssen wir diese Vorstellung zurückweisen, weil sie dem Sinn des Wortes widerspricht.

Die gewöhnliche Sprache selbst enthält schon die von Thomas geforderte Weisheit. Worte sind nicht zufällige Bezeichungen, sondern mit ihnen wird die vielschichtige und bisweilen sehr komplexe Wirklichkeit zu benennen versucht. Mit der Sprache ordnen und lenken wir die Wirklichkeit. Allerdings können wir die Wirklichkeit nicht in beliebiger Weise ordnen und lenken, sondern nur in einer Weise, die der inneren Logik der Wirklichkeit angemessen ist. Dies gilt für augenfällige wie für abstrakte Tatbestände: Wir können nicht eine Wand als »Luft« definieren und dann versuchen, durch sie hindurch zu gehen. Und wir können uns nicht als »Gott« definieren und dann versuchen, zum Schöpfer zu werden.

Mit unseren Aktivitäten, dem Ordnen und Lenken, dürfen wir der

Wirklichkeit keine Gewalt antun. Wenn wir etwas formen, müssen wir uns den Möglichkeiten des Materials anpassen. Und wenn wir etwas mit anderen Menschen zusammen machen wollen, müssen wir sie in ihrer jeweiligen Eigenheit akzeptieren. Dann wird das Ergebnis gut. Verstoßen wir gegen die in der Wirklichkeit liegende Zielrichtung, mißlingt unser Tun.

Unter allem, wonach der Mensch strebt, ist das Streben nach Weisheit die vollkommenste, erhabenste, nützlichste und angenehmste Tätigkeit. Die vollkommenste Tätigkeit ist es, nach Weisheit zu streben, weil der Mensch dadurch bereits Anteil am göttlichen Glück erhält. Darum sagt der Weise Jesus Sirach [im alten Testament]: »Glücklich ist der Mensch, der in Weisheit verweilen kann« [Sir 14, 20]. Die erhabenste Tätigkeit ist es, nach Weisheit zu streben, weil der Mensch dadurch Gott ähnlich wird, der »mit Weisheit alles gemacht hat« [Psalm 104, 24]. Da man liebt, was einem ähnlich ist, macht das Streben nach Weisheit zu einem Freund Gottes: »Ein unerschöpflicher Schatz ist die Weisheit für die Menschen; alle, die diesen Schatz erwerben, erlangen die Freundschaft Gottes« [Weish 7, 14]. Die nützlichste Tätigkeit ist es, nach Weisheit zu streben, weil sie »ins ewige Reich führt« [Weish 6, 21]. Die angenehmste Tätigkeit ist es, nach Weisheit zu streben, denn: »Der Umgang mit ihr hat nichts Bitteres, das Leben mit ihr kennt keinen Schmerz, sondern nur Frohsinn und Freude« [Weish 7, 16]. [Summa contra gentiles I, 2]

Selbst die Beschäftigung mit Gott in der Theologie ist heute eine Sache akademischer, trockener Wissenschaft, die eher eine Bürde denn eine Freude ist. Als »nützlich« empfinden wir nur eine Wissenschaft, die dem materiellen Fortschritt dient. Für Thomas war dagegen das »nützlich«, was das individuelle Glück befördert. Der materielle Fortschritt soll mit dieser Aussage nicht verdammt, wohl aber auf das Ziel des Glücks verpflichtet werden.

Wer heute nach der Einheit von Wissen, Weisheit und Glück sucht, wendet sich an asiatisches Gedankengut. Hier bei Thomas kann man diese Einheit auch noch spüren. Darum ist es mir wichtig, dieses Zitat zu bringen: Die Beschäftigung mit Gott, vermittelt über Thomas, ist nicht geleitet von einem Interesse an akademischer Auslegung, sondern vom Wunsch, Klarheit über mich zu bekommen, um den angemessenen Weg im Leben für mich zu erkennen.

In unserem Bekenntnis zu Gott finden sich zwei verschiedene Arten von Wahrheit. Die Wahrheit über Gott übersteigt zum Teil die

Erkenntniskraft der menschlichen Vernunft wie etwa seine Dreifaltigkeit. Einen anderen Teil der Wahrheit jedoch kann die natürliche Vernunft erschließen wie die Tatsache, daß es Gott gibt und daß es nur einen Gott gibt. Diese Tatsache haben ja auch [nichtchristliche] Philosophen von Gott bewiesen, geleitet einzig durch das Licht der natürlichen Vernunft. [Summa contra gentiles I, 3]

Was können wir von Gott wissen? Was muß Er uns von sich offenbaren, damit wir es wissen? Wie stehen Vernunftwissen und Offenbarungswissen zueinander? Können diese »alten« Fragen überhaupt noch von Interesse sein?

»Wissen« wir nicht, daß wir von Gott nichts Sinnvolles aussagen können, nichteinmal ob er existiert? Daß man glauben kann, was man »will«? Genau dies habe ich lange Zeit auch gedacht. Die Beschäftigung mit der Philosophie des Thomas hat mich inzwischen jedoch eines Besseren belehrt.

An direkten Einwänden gegen den Glauben an Gott gibt es bis heute nur zwei sich widersprechende:

- Der erste Einwand besagt, wir könnten aufgrund der Struktur unseres Verstandes über Gott nichts aussagen;
- der zweite behauptet im Gegenteil, alle Fragen, die wir mit dem Begriff »Gott« meinen beantworten zu müssen, würden durch den Fortschritt der Wissenschaft schon gelöst.

Beide Einwände lassen sich mit der Philosophie des Thomas in, wie ich meine, überzeugender Weise widerlegen.

Auch der gegenwärtig verbreiteten Haltung, man könne glauben, was man wolle, trat bereits Thomas entgegen. Er nannte das, wie wir gleich sehen werden, den »leichtfertigen Glauben«. Nach Thomas muß das, was wir glauben, selbst dann an die Vernunft gekoppelt werden, wenn es die Vernunft übersteigt. Wie das möglich ist, führte Thomas im weiteren Fortgang der »Summe gegen die Heiden« vor.

Allerdings läßt sich mit Thomas die herrschende Gleichgültigkeit gegenüber Gott *nicht* entkräften: »Die Frage nach Gott interessiert mich nicht.« Eine solche Gleichgültigkeit konnte sich Thomas nicht vorstellen – nicht, weil er sich seines Glauben zu sicher war, sondern weil für ihn die Frage nach Gott mit der Frage nach dem Glück und dem Sinn des Lebens unauflöslich verbunden war.

Wir können beobachten, was die Gleichgültigkeit Gott gegenüber bei uns bewirkt: Wer keinen Gott hat, kann sein Schicksal als Sterblicher – als Bedrohter von Krankheit, Unglück und Tod – nur durch Verdrängung ertragen. Zwar ergötzt man sich im Fernsehen am Elend anderer, aber der Staat – unser schlechter Ersatzgott – muß dafür Sorgen tragen, daß man Alten, Kranken und Irren nicht auf der Straße begegnet. Man könnte ja daran erinnert werden, daß dies das Schicksal ist, dem man später selbst erliegen wird. Jedoch auch in unserer Freude wissen wir nicht, wohin mit der Dankbarkeit. Meist empfinden wir ja das Gute, das uns widerfährt, sowieso als nicht ausreichend oder zu kurz. Wie müssen sich Menschen gefühlt haben, die Gott für jede Mahlzeit gedankt haben? Während wir heute meinen, an unseren staatlichen Ersatzgott viel weitergehende Ansprüche stellen zu können!

Was uns (einschließlich mir) fehlt, ist ganz einfach die frohe Botschaft.

Daß ein Teil dessen, was wir von Gott wissen, die Erkenntnismöglichkeit der menschlichen Vernunft übersteigt, ist offensichtlich. Das Prinzip, nach welchem die Vernunft Wissen erlangt, liegt darin, etwas in seinem Wesen zu erkennen. Denn dem Philosophen [Aristoteles] zufolge liegt das Prinzip des Beweises in »dem, was etwas ist«. Darum entspricht die Erkenntnis des Wesens von etwas der gesamten Erkenntnis. Kann der Mensch demnach etwas – sei es beispielweise ein Stein oder ein Dreieck – dem Wesen nach begreifen, so geht dabei nichts über die Möglichkeit seiner Vernunft hinaus.

Bezogen darauf, Gott zu erkennen, verhält es sich anders. Ihn in seinem Wesen zu begreifen, liegt nicht im Bereich der natürlichen Möglichkeit des menschlichen Verstandes. Denn unter der Bedingung des irdischen Lebens geht unser Verstand von der sinnlichen Wahrnehmung aus. Etwas, das nicht mit den Sinnesorganen wahrgenommen werden kann, kann der menschliche Verstand nur insoweit begreifen, als er es aus dem Sinnfälligen erschließt. Aus dem, was an Gott sinnlich wahrzunehmen ist, kann unser Verstand jedoch nicht auf das Wesen Gottes schließen, denn es handelt sich dabei um Auswirkungen der Tätigkeit Gottes, in der sich seine Kraft nicht hinreichend widerspiegelt. Gleichwohl kann unser Verstand aus der sinnlichen Wahrnehmung schließen, daß Gott ist (und einiges mehr, das aus der Erkenntnis eines ersten Ursprunges abgeleitet werden kann).

[Summa contra gentiles I, 3]

Den Unterschied zwischen Vernunft und Glaube präzisierte Thomas nun bezogen auf die Vernunft. Unsere Vernunft sei prinzipiell nicht in der Lage, das Wesen Gottes zu erkennen. Der Grund, den er dafür anführte, ist einfach und einleuchtend: Wir können nur etwas erkennen, das im Bereich des sinnlich Wahrnehmbaren liege. Das Wesen Gottes liegt jedoch unzweifelhaft außerhalb des sinnlich wahrnehmbaren Bereiches. Beispielsweise ist alles, was wir sinnlich wahrnehmen können, zeitlich und örtlich begrenzt. Gott aber ist unbegrenzt und unendlich.

Die These von der prinzipiell eingeschränkten Erkenntnis richte ich gegen eine Argumentation, die Thomas noch nicht kennen konnte: gegen die Argumentation, der Fortschritt der Wissenschaft würde nach und nach die Geheimnisse des Universums entschlüsseln, so daß wir schließlich den Begriff »Gott« nicht mehr benötigen.

Ich kann wohl verstehen, wie etwa die Lehre der Evolution oder des Urknalls zu einer solchen Argumentation führen konnte. Da bis zu diesen Lehren die biblische Schöpfungsgeschichte der »Genesis« wörtlich verstanden wurde, schien es, als würde die Erkenntnis von der natürlichen Entwicklung der Lebewesen es überflüssig machen, Gott als Schöpfer anzusehen. Die Erkenntnis der Entstehung des Weltalls aus dem Urknall weitete die zeitliche Dimension unseres Wissens noch einmal ungeheuer aus. Gleichwohl verbleiben auch die Lehren von Evolution und Urknall im Rahmen der zeitlichen und örtlichen Begrenzung sinnlicher Wahrnehmung. Unendlichkeit des Raumes und Ewigkeit der Zeit sind uns nach wie vor verschlossen. Unsere Vernunft vermag diese Begrenzung prinzipiell nicht zu überwinden.

Dies können Sie leicht an zwei Gedankenexperimenten nachvollziehen: Wenden Sie sich einem einfachen Gegenstand zu, zum Beispiel diesem Buch. Versuchen Sie, sich vorzustellen, wie dieses Buch wäre, wenn es weder Raum einnehmen würde, noch Raum um sich hätte. Wo wäre dieses Buch dann? Nirgends. Was wäre diese Buch dann? Nichts.

Versuchen Sie nun, sich vorzustellen, wie es wäre, dieses Buch ohne zeitliches Nacheinander zu lesen: Sie hätten nicht zuerst das Buch gekauft, es dann aufgeschlagen und schließlich begonnen, es zu lesen. Es ist überhaupt nicht möglich, sich vorzustellen, irgend etwas zu tun, ohne zugleich damit eine Abfolge und damit eine zeitliche Struktur zu schaffen.

Genau so verhält es sich auch mit der Kosmologie des Urknalls. Die unendlich verdichtete Materie »explodierte« und breitete sich aus. Der Begriff der Ausbreitung selbst setzt voraus, daß es einen Raum gibt, in welchem sich etwas ausbreiten kann. Die Ausbreitung schafft ein zeitliches Nacheinander. Das Universum, so wie es die Astrophysik heute begreift, ist nicht die Unendlichkeit des Raums und der Zeit selbst, sondern hat in diesem Raum einen Ort und findet in dieser Zeit statt. Es ist inbegriffen in das, was wir nicht verstehen können – in Gott.

Selbst wenn man, wie es die aktuelle Theorie der Astrophysik na-

belegt, die Geburt des Kosmos aus dem Nichts beschreiben kann, nämlich quantenmechanisch als »Vakuumfluktuation«, bleibt »immer noch ein großes Rätsel unserer Existenz: Was bestimmt die Gesetze der Physik?« (Alan H. Guth, *Die Geburt des Kosmos aus dem Nichts*, München 1999, S. 439.) Diese Frage ist das Eingeständnis, daß sich Gott nicht in Physik auflösen läßt. Er ist vielmehr die Bedingung der Möglichkeit von Physik.

Einfache und hochgebildete Menschen haben sich [...], ohne durch Waffengewalt gezwungen oder durch Versprechungen gelockt zu werden und, was am wunderbarsten ist, trotz tyrannischer Verfolgung zum christlichen Glauben bekannt, der Dinge lehrt, die über jede menschliche Erkenntnismöglichkeit hinausgehen. [...] Mohammed dagegen hat gesagt, seine Mission sei – wie übrigens auch die von Räubern und Tyrannen – die der Waffen. Seine ersten Anhänger waren nicht Weise, die in den göttlichen und humanen Fragen geübt waren, sondern wilde, der Theologie unkundige Nomaden. Mit der Menge dieser Anhänger hat er dann andere Menschen mit Waffengewalt unter sein Gesetz gezwungen. [Summa contra gentiles I, 6]

Als erstes möchte ich mich für dieses Zitat bei allen Menschen islamischen Glaubens entschuldigen. Unabhängig davon, ob Thomas' Darstellung historisch richtig ist (ganz abwegig ist sie jedenfalls nicht), steht es einem Christen selbst der damaligen Zeit nicht zu, auf andere mit dem Finger zu zeigen. Zu erinnern ist etwa an die brutale Christianisierung der Sachsen durch Karl den Großen.

Gleichwohl liebe ich diese Stelle aus der »Summe gegen die Heiden«. Denn sie macht in knapper Form unmißverständlich deutlich, daß Glaube und Gewalt Gegensätze sind.

Das kann auch nicht anders sein. Eine Wahrheit, die wir nur durch Offenbarung wissen können, jemandem aufzuzwingen, dem sich Gott nicht offenbart hat, bedeutet, Gott »korrigieren« zu wollen: Wer mit Waffen »missioniert«, widerspricht Gottes Willen, sich dem Ungläubigen nicht zu offenbaren.

Ist es denn umgekehrt sinnvoll, Menschen zu zwingen, dem zuzustimmen, was wir von Gott durch die Vernunft zu wissen meinen? Zum Beispiel einen Polytheisten zu zwingen, den Einen Gott zu verehren? Natürlich auch nicht. Denn das Wesen der Vernunft besteht darin, überzeugen zu wollen. Derjenige, der sich der Waffengewalt beugt, ist nicht überzeugt. Er beugt sich aus Angst, nicht aus Liebe zur Wahrheit. Wem auch immer die Wahrheit gleichgültig ist: Wenn jemand an Gott glaubt, darf er nicht auf diese Weise dasjenige in der

Schöpfung verhöhnen, was an uns die Ebenbildlichkeit Gottes ausmacht – die Vernunft.

Die Wahrheit des christlichen Glaubens geht über das Vermögen der menschlichen Vernunft hinaus. Gleichwohl können die Erkenntnisse der natürlichen Vernunft nicht jener Wahrheit entgegengesetzt sein. [...] Die Erkenntnisse, zu der uns unsere Natur befähigt, ist uns von Gott gegeben, da Er der Schöpfer unserer Natur ist. Diese Erkenntnisse sind demnach Teil der göttlichen Weisheit. Was den natürlichen Erkenntnissen der Menschen widerspricht, widerspricht also der göttlichen Weisheit. Von Gott kann ein solcher Widerspruch nicht stammen. Insofern kann das, was aufgrund göttlicher Offenbarung im Glauben festgehalten wird, nicht in Widerspruch zur natürlichen Erkenntnis stehen.

Mein Ziel [in der »Summe gegen die Heiden«] besteht nicht darin, die Gegner [des christlichen Glaubens] mit Argumenten zu überzeugen, sondern darin, ihre Argumente, die sie gegen die Wahrheit vorbringen, zu widerlegen. Das ist möglich, weil, wie gesagt, die Wahrheit des Glaubens nicht der natürlichen Vernunft entgegengesetzt sein kann.

[Summa contra gentiles I, 7 resp. 9]

Auf diese Weise bildete Thomas aus Vernunft und Glaube eine Synthese: Beide benötigen eine freiwillige Zustimmung, wenn auch die Zustimmung aus zwei verschiedenen Quellen gespeist wird. Die Quelle der Zustimmung für die Vernunft ist das Denken. Die Quelle der Zustimmung für den Glauben ist die Offenbarung.

Dabei kann das, was wir glauben, *nicht* beliebig sein. Das Argument, man könne Beliebiges glauben, basiert auf der Erkenntnis, daß der Glaube die Vernunft übersteigt. Aber: Wenn wir im Glauben gegen die Vernunft verstoßen, verhöhnen wir Gott, der nämlich uns die Vernunft gegeben hat.

Es kann also niemand darauf bestehen, eine Aussage sei darum wahr, weil er eben an sie glaube, wenn ihm jemand vorhält, sie sei unsinnig. Als Christ jedenfalls muß er zuerst zeigen, daß die Aussage des Glaubens wenigstens denkmöglich ist, wenn auch vielleicht nicht beweisbar.

Daß wir beim Glauben nicht einfach die uns von Gott gegebene Vernunft beiseite lassen dürfen, sollte nun wohl klar sein. Wäre es denn dann nicht sinnvoll, umgekehrt den Glauben beiseite zu lassen und nur der Vernunft zu folgen?

Viele Philosophen, die die Ideen der heutigen Welt grundgelegt haben, scheinen diese Frage bejaht zu haben. Die Schwierigkeit, die sich dann auftut, besteht darin, daß wir ohne Gott nicht mehr so sicher sein können, wie wahr das ist, was wir durch unsere Vernunft erkennen zu können meinen.

Thomas war sich so sicher, daß unsere Vernunft uns die Wahrheit sagt, daß er meinte, es wäre »nicht einmal zu denken möglich, die Vernunft sei falsch«. Diese Sicherheit gab ihm der Gedanke, daß Gott uns nicht belogen hat, als er uns Sein Licht schenkte. Nehmen wir also den Glauben an Gott weg, bleibt uns kein Garant mehr für die Vernunft.

Ohne Gott wäre es nämlich sehr wohl möglich zu denken, daß das, was uns unsere Vernunft sagt, falsch ist. Wer garantiert uns, daß das, was wir sehen, nicht Verzerrungen sind, so wie wir in die Linse eines Fotoapparates Verzerrungen einbauen können? Wer sagt uns, daß das, was wir für eine »logische Schlußfolgerung« halten, nicht ein Hirngespinnst darstellt?

In dem Maße, wie sich eine solche Verzweiflung an der Vernunft ergibt, verbreitet sich das Gefühl, es sei nicht nur möglich, Beliebiges zu glauben (ohne sich der Disziplin der Vernunft unterwerfen zu müssen), sondern auch, Beliebiges zu denken. Die Diskussion sinkt herab zum Austausch von Meinungen, die keiner kritischen Prüfung mehr unterzogen werden können. Über die »Wahrheit« läßt sich dann vielleicht sogar demokratisch abstimmen, das Ergebnis anscheinend »rechtmäßig« mit Gewalt durchsetzen.

In diesem Sinne ist das vernünftige Denken bereits ein Gottesdienst: In ihm drückt sich die Achtung vor Seiner Schöpfung aus, die unsere Vernunft in sich einschließt. Und diese göttliche Vernunft besteht im Widerstand gegen jede Gewalt, die uns einem Glauben, einem Gesetz oder dem angeblichen Vernunfturteil zu unterwerfen trachtet.

TEIL 2: DIE WEISHEIT DER LEIDENSCHAFT

DER HISTORISCHE KONTEXT

Nachdem ich im ersten Teil Texte des Thomas in kleinen Häppchen präsentiert habe, möchte ich nun seine Theorie der Leidenschaften als ein zusammenhängendes Stück präsentieren. Zuvor ein paar einleitende Überlegungen:

Thomas von Aquin nimmt bezug auf die Diskussion, die unter den griechischen Philosophen im 4. und 3. Jahrhundert vor Christus stattgefunden hat und die bis heute grundlegend ist.

Sokrates [470-399 v.Chr.], der Archetypus des Philosophen, forderte, daß der Mensch die Wahrheit [*sophie*] lieben [*philo*] solle und zwar ohne die Beimischung von äußeren Interessen: Die Vernunft entscheide über richtig und falsch, gut oder schlecht, nicht die persönlichen Vorlieben, Ziele, Bedürfnisse. Um sein Urteil nicht von äußeren Umständen abhängig zu machen, empfahl Sokrates ein asketisches Leben ohne politischen und wirtschaftlichen Ehrgeiz. Weil Sokrates alle gängigen Vorstellungen, Glaubenssätze und Traditionen mit der Vernunft zu hinterfragen lehrte, wurde er angeklagt, die »Jugend zu verderben« (nämlich der unbefragten Anpassung an das Herkommen zu entfremden). Sokrates wurde zum Tode verurteilt. Eigenartigerweise beugte er sich diesem Urteil, obgleich er hätte fliehen und sich retten können.

Nach dem Tod von Sokrates schlugen seine Schüler zwei völlig entgegengesetzte Richtungen ein. Die »Kyniker« knüpften sowohl an die Infragestellung von gesellschaftlichen Normen als auch an die Forderung nach Askese an. Manch ein Kyniker, wie Diogenes von Sinope [412-323 v.Chr.], machte bei seinen Angriffen auf das Hergebrachte allerdings weniger von der Vernunft als von Hohn und Spott gebrauch. Auf den »Kyniker« dieser Art – d.h. »bedürfnislos wie ein Hund [*kyon*]« – verweist noch heute das Wort »Zyniker«: Das ist ein Mensch, dem nichts »heilig« ist und der alles verspottet.

Die Lust mache, so warfen ihr die Kyniker vor, abhängig von äußeren, vergänglichen und unsicheren Bedingungen und beeinträchtige die Vernunft. Der Sokrates-Schüler Antistenes [444-368 v.Chr.], der erste Kyniker, formulierte es ganz kraß: »Lieber will ich verrückt werden, als Lust zu empfinden.«

Die entgegengesetzten Folgerungen aus den Lehren von Sokrates zogen die »Hedonisten«. Dieser Begriff leitete sich ab von *»hedone«*, nämlich »Lust«. Die Hedonisten sagten, die Vernunft sei dazu da, zu erkennen, was wahr ist. Dazu analysierten sie bezogen auf das Handeln des Menschen die Motivation. Wahr sei, daß alles, was der Mensch tue, letztlich darauf zurückgeführt werden könne, daß er die

Unlust vermeiden wolle und die Lust suche. Demnach war es für sie die vornehmste Aufgabe der praktischen Vernunft, dem Menschen zu zeigen, wie er Lust erreichen und Unlust vermeiden könne.

Platon [427-347 v.Chr.], der größte Schüler des Sokrates, neigte eher den Kynikern zu, nämlich indem er erklärte, »Lust« dürfe niemals Maßstab des Handelns sein. Noch heute wird von »platonischer Liebe« gesprochen, wenn (sexuelle) Lust keine Rolle spielt. Dagegen widersprach Platon den Kynikern, indem er ihre Feindschaft gegen die gesellschaftlichen Normen ablehnte. Sokrates habe sich gleichsam »freiwillig« dem Todesurteil gebeugt, weil er sich vor dem Urteil des Gemeinwesens nicht habe drücken wollen, obwohl das Urteil falsch gewesen sei. Er sei nicht seiner Lebenslust gefolgt, vielmehr dem Pflicht- und Ehrgefühl, kein Feigling zu sein, sondern sich nur der Vernunft gegenüber zu verantworten.

Der Aspekt bei Platon, der die kynische Bedürfnislosigkeit mit einer positiven Wendung zum Gemeinwesen verband, ist schließlich in der von Zenon [336-264 v.Chr.] begründeten Schule der »Stoa« zur Blüte gekommen. Für Jahrhunderte – von der römischen Antike bis in die erste Hälfte des christlichen Mittelalters – beherrschte nun die stoische Lehre die Philosophie. Auch heute noch wird das Adjektiv »stoisch« zu Recht gebraucht, wenn eine Haltung charakterisiert werden soll, in der ein Mensch ungebeugt von körperlichen oder geistigen Schmerzen seinen Weg geht – und sei es der Weg in den Untergang.

»Keinem Geschick will ich mich beugen, durch keine Macht brechen lassen.« Das ist der Wahlspruch der Stoiker. Gemeint ist sowohl die Macht des eigenen Körpers mit seinen Bedürfnissen, als auch die Macht des Gemeinwesens. Zwar gilt den Stoikern der Dienst am Gemeinwesen alles, damit ist jedoch keine Unterordnung gemeint. Wenn es für das Wohl des Gemeinwesens vernünftig ist, etwa einem aus emotionalen Gründen angezettelten Krieg zu widerstehen, wird sich der Stoiker dem Kriegsdienst verweigern, obwohl ihm dafür die Todesstrafe drohen könnte.

Der Hedonismus dagegen wurde von Aristoteles [383-322 v.Chr.] aufgenommen. Aristoteles war relativ unabhängig von Sokrates und wandte sich scharf gegen Platon. Bezogen auf die Diskussion um den Stellenwert der »Lust« führte Aristoteles die psychologische Argumentation der Hedonisten weiter: Auch die Kyniker (oder später Stoiker) würden mit ihrer Bedürfnislosigkeit ein Gut anstreben. Die Kyniker lehnten die »Lust« ab, weil sie ihrer Meinung nach einem höheren Gut weichen müsse. Wenn sie es vermögen, ihr höheres Gut zu erreichen, so werden sie sich daran erfreuen und Lust haben.

Für Aristoteles war es eindeutig, daß die Kyniker sich im Selbstwiderspruch befanden. In der Tat hatte Diogenes von Sinope gesagt, »Verachtung der Lust« sei für ihn »die größte Lust«. Also suchte selbst der Kyniker Diogenes die Lust – sogar die »größte Lust«! Aus dieser kritischen Analyse des Kynismus zog Aristoteles einen weiteren bedeutsamen Schluß:

Einer bestimmten Lust zu folgen, kann bedeuten, eine andere Lust nicht haben zu können. Wer sich der momentanen Lust hingibt, übermäßige oder ungesunde Speisen zu sich zu nehmen, wird durch die Folgen Unlust haben, also keine Lust an der Gesundheit haben können. Nach Aristoteles ist es demnach nicht Aufgabe der Vernunft, die Lust schlechthin zu bekämpfen, sondern die verschiedenen, untereinander nicht kompatiblen Lüste in einem sinnvollen Gleichgewicht zu halten.

Mit der Theorie des Maßhaltens konnte Aristoteles auch das soziale Element in den Hedonismus einführen: Mit Übermäßigkeit kann man nicht nur sich selbst Schaden zufügen, sondern auch anderen. Wer seine Lust auf Kosten der Mitmenschen befriedigt, ist eigentlich nichts anderes als »unmäßig«. Sich selbst und anderen keinen Schaden zuzufügen, ist nach Aristoteles das gesunde und darum moralisch richtige Maß der Lust.

Obwohl Aristoteles eine Reihe von Schülern hatte, wurde in den folgenden Jahrhunderten, wie gesagt, der Stoizismus zur alles beherrschenden Lehre. Der Stoizismus war optimal für den römischen Imperialismus geeignet: Hart sein gegen sich und andere, um das übergeordnete Interesse des Staates durchzusetzen.

Aber auch dem Christentum schien der Stoizismus zu entsprechen. Aurelius Augustinus [354-430 n.Chr.], der noch heute sowohl von Katholiken als auch von Protestanten als großer christliche Kirchenlehrer anerkannt wird, nahm Platonismus und Stoizismus auf, um sie christlich umzuinterpretieren. Die Lehre von der Abhärtung gegenüber den eigenen körperlichen Bedürfnissen paßt nach Augustinus zur christlichen Auffassung von der Erbsünde: Der Körper, der der Träger der Erbsünde ist, müsse gestraft werden. Damit allerdings veränderte Augustinus das stoische Ideal grundlegend. Während die Stoiker anstrebten, »Lust« gar nicht zu empfinden und damit auch die »Unlust« völlig auszuschalten, so erkannte Augustinus, daß sich »Lust« und »Unlust« im Körper nicht vermeiden lassen. Demnach predigte er ein fortdauerndes Gefühl der Unlust. Einen Zustand fortdauernder Unlust als erstrebenswert darzustellen, wäre *allen* antiken Philosophen geradezu lächerlich vorgekommen.

Nicht nur den antiken Philosophen. Auch Thomas von Aquin leuchtet die Argumentation des Augustinus nicht recht ein. Thomas beruft sich auf Aristoteles und führt damit einen Paradigmenwechsel in der katholischen Lehre herbei.

Das zentrale Argument von Thomas ist zwar von Aristoteles entlehnt, aber noch viel schärfer gefaßt: »Niemand kann ohne sinnlichen Genuß und körperliche Lust leben« (siehe unten, Abschnitt »Bedürfnisbefriedigung«). Thomas braucht den Stoikern nicht zu unterstellen, »Lust« zu empfinden, wenn sie ihr Ziel erreicht haben. Er analysiert einfach, daß sie ohne Lust nicht leben würden. Wenn sie Hunger haben, ist das zum Beispiel eine Form von Unlust. Wenn sie dann etwas essen, verschwindet die Unlust, und darum ist das eine Art Lust. Natürlich kann der Stoiker sagen, er wolle sich von seinem Hunger nicht knechten lassen. Er wird vielleicht nicht sofort etwas essen, sondern zuerst eine begonnene Arbeit zuende führen. Der Steuerung durch Unlust und Lust kann er jedoch nur um den Preis seines Lebens völlig entgehen. Mehr noch: Auch beim Essen kann er nicht gänzlich von Unlust und Lust absehen. Da beispielsweise schlechter Geschmack auf verdorbene Speise hinweisen kann, wäre es töricht, der mit einem schlechten Geschmack verbundenen Unlust nicht zu folgen und stattdessen weiter zu essen.

Dies war übrigens auch Augustinus schon klar. Denn in der Tat waren einige Stoiker so weit gegangen, das Wollen des eigenen Todes zu verherrlichen. Dies aber ist aus christlicher Sicht eine Sünde. Dementsprechend hatte Augustinus die stoische Lehre bereits aristotelisch modifiziert. Das Leben und den Körper haben wir von Gott als Geschenk erhalten: Ihn zu mißachten, bedeutet auch, dieses göttliche Geschenk zu entehren.

Thomas geht jedoch noch weiter. Gott hat uns Körper *und* Geist geschenkt. Es wäre eine gotteslästerliche Annahme, zwischen beiden einen unüberbrückbaren Gegensatz zu sehen. Die »körperliche Lust« an sich ist zwar keine vernünftige Sache, aber »die Vernunft selbst bestimmt, daß bisweilen von der Vernunft abzusehen ist«. Das Beispiel des Schlafes ist überzeugend: Es ist vernünftig zu schlafen, um dem Körper die notwendige Erholung zu gewähren, obgleich der Schlaf notgedrungen die Tätigkeit der Vernunft unterbricht. Vernunft und Körper, Nachdenken und Handeln stehen nicht im Widerspruch zueinander, sondern ergänzen sich: »Zum ersten muß das zuträgliche Gut erreicht und zum zweiten muß das Erreichthaben erkannt werden. Beide Voraussetzungen lassen sich nur durch [vernünftiges] Handeln herstellen.«

Um dem Dilemma von Augustinus zu entgehen, deutet Thomas nun die Erbsünde ganz neu (siehe oben, Abschnitt »Paradiesische Lust«). Augustinus hatte zugeben müssen, daß ohne Anerkennung der Lust das körperliche Leben des Menschen unmöglich wäre, aber gleichwohl dazu aufgerufen, dem Körper so viel Leid zuzufügen, als er ertragen kann, um das sündige Fleisch zu bestrafen. Thomas dagegen folgert aus der Erbsünde nicht die Notwendigkeit der Strafe. Vielmehr sei die Straffolge der Erbsünde, daß Vernunft und Körper nicht von allein übereinstimmen. Im paradiesischen Unschuldsstande war die Ethik des Maßhaltens nicht notwendig gewesen, weil das Streben nach Lust nie den vernünftigen Rahmen verließ.

Der Mensch soll sich Thomas zufolge nicht durch die Unterdrückung der Lust bestrafen, sondern: Mit der Ethik des Maßhaltens mildert er die Strafe ab, so weit wie ihm das möglich ist. »So wird die Genußsucht zu den Lastern gezählt, denn sie ist für den Körper schädlich und behindert die Lust.«

Der Lebensfreude – der Lust, der Bedürfnisbefriedigung, dem Spaß – zu entsagen, ist keine sinnvolle ethische Forderung. Sehr wohl gehört es aber zum Mensch-Sein, zur *»conditio humana«*, daß eine unqualifizierte Orientierung an der Lustmaximierung sowohl für den einzelnen als auch für seine Gemeinschaft schädlich sein kann. Lebensfreude stellt sich weder ein, wenn jemand durch exzessiven Genuß gesundheitlichen Schaden nimmt, noch, wenn er hemmungslos auf Kosten anderer den eigenen Vorteil sucht – denn dann wird die Gemeinschaft krank und er, als Teil derselben, mit ihr.

Die heutige Spaßgesellschaft gefährdet die Lebensfreude auf eine Weise, die Thomas noch unbekannt war. Sie trennt nämlich die Handlung von ihren Folgen. Doch genau die Folgen der Handlung sind es, an denen der Mensch einzig sehen kann, ob er in angemessener Weise Maß gehalten hat. Die Eigenart unserer Gesellschaft besteht darin, das, was Spaß macht, dem einzelnen zuzugestehen, während eventuell unangenehme Folgen durch die Gemeinschaft getragen werden sollen. Ökonomisch gesagt: »Nutzen wird privatisiert, Kosten werden sozialisiert.«

Wer ein ausschweifendes Sexualleben hatte, sich dabei unvorsichtigerweise mit AIDS infizierte und dann auf Kosten der Allgemeinheit eine sehr teure Behandlung bekommt, ist ein Beispiel dafür. Selbstverständlich gebietet es die christliche Nächstenliebe, einem Sünder zu verzeihen und ihn zu unterstützen – aber das rechtfertigt eine freiwillige Spende, nicht einen Rechtsanspruch.

Wer kleinen Kindern Gewalt antut, um seine sexuelle Lust zu befriedigen, und dann fürsorgliche psychiatrische Behandlung anstelle von Strafe erfährt, ist ein weiteres Beispiel. In diesem Fall dürfte niemand anderes als die Opfer Verzeihung aussprechen und den Täter vor der gerechten Strafe bewahren können.

Wer auf dem freien Markt große Gewinne macht, aber dann, wenn er durch einen Fehler Verluste hat, nach staatlichem Ausgleich schreit, ist ebenfalls ein Beispiel für das Prinzip des privatisierten Nutzens und der sozialisierten Kosten.

Das, was wir brauchen, um als Individuen und als Gemeinschaft gesund zu werden, ist, nicht nur Körper und Geist, sondern auch Lust und Verantwortung als eine unzertrennliche Einheit zu sehen.

DIE TRIEBFEDERN DES HANDELNS

Diejenigen Prinzipien, die Thomas zufolge ein Lebewesen zur Bewegung antreiben, sind: Bedürfnis [*appetitus*, Hunger] und Aggression [*ira*, Zorn]. Das Bedürfnis setzt ein Ziel – oder »Gut« –, die Aggression stellt die Energie, um die Hindernisse – oder »Übel« – auf dem Weg zum Ziel zu überwinden. Die Eigenart des Menschen besteht darin, daß er sein vernünftiges Denken einsetzt, um seine Bedürfnisse zu erkennen, ebenso um seine aggressiven Handlungen auf das Ziel hin zweckmäßig zu ordnen.

Das Verhältnis zwischen Bedürfnis, Aggression und Vernunft ist allerdings keineswegs einfach. Weil dieses Verhältnis nicht durch die Natur (wie bei den Tieren) oder durch Gott (wie bei den Engeln) regelhaft geordnet wird, muß es immer wieder vom Menschen zu einer sinnvollen Gestalt geformt werden. Im konkreten Handeln ist der Mensch gekennzeichnet von körperlichen Bedürfnissen, deren Bezug auf eine geistig gesehen sinnvolle Ordnung nicht von selbst gegeben ist, vielmehr durch den Willen immer wieder von neuem errungen werden muß. Dieses Ringen ist das Zentrum der thomistischen Psychologie.

Die Problematik im Verhältnis von Bedürfnis, Aggression und Vernunft macht Thomas an einem Begriff fest, der uns heute noch sehr geläufig ist, dessen Verständnis sich jedoch weitgehend gewandelt hat: dem Begriff der »Leidenschaft« (*passio*, Passion). Mit »Leidenschaft« wird gegenwärtig meist eine eher harmlose und nebensächliche Liebhaberei bezeichnet – jemand hat eine »Leidenschaft für Zigarren« – oder eine besonders stürmische und gefühlsbetonte Handlung, etwa in der Wendung, jemand sei ein »leidenschaftlicher Liebhaber«. Ein wenig von der ursprünglichen Bedeutung scheint noch auf in dem Kalauer, »Eifersucht ist die Leidenschaft, die mit Eifer sucht, was Leiden schafft«.

Gehen wir auf die Wortbedeutung von »Leidenschaft« zurück, so handelt es sich um die verdinglichte Form des Verbs »leiden«. Die Schwierigkeit, den scholastischen Begriff der Leidenschaft zu verstehen, hängt eng damit zusammen, daß wir heute unter dem »Leiden« ausschließlich ein negatives Gefühl aufgrund einer körperlichen oder seelischen Verletzung verstehen. Das scholastische »Leiden« steht demgegenüber in einem ganz anderen Kontext.

Die Scholastik sieht alles Sein in der Spannung zwischen aktivem Handeln und passivem Objekt einer Wirkung. Zum Beispiel ist der Steinmetz, der eine Skulptur formt, aktiv Handelnder. Der behauene Stein ist passives Objekt, das die Wirkung der Handlung »erleidet«. Aus der Spannung zwischen Handeln und Leiden ergibt sich eine präzise Ordnung des Seins: Die unterste Ebene bildet das Sein, das ausschließlich leidendes Objekt, die oberste Spitze das Sein, das ausschließlich aktiv Handelnder ist. Reine Materie ist immer leidendes Objekt, reiner Geist ist immer der aktiv Handelnde. Dieser reine Geist ist Gott.

Durch Bewegung vermischen sich die Ebenen. Ein Stein, der durch einen Windstoß auf den Boden fällt und diesen eindrückt, »erleidet« das Bewegt-werden. Der Stein ist passiv und kann sich diesem Bewegt-werden nicht aktiv widersetzen. Dem eingedrückten Boden gegenüber ist der Stein jedoch aktiv Handelnder, während der Boden die Wirkung passiv »erleiden« muß.

Für die Tiere gilt ein höherer Grad an Aktivität. Sie erkennen, was ihnen zuträglich ist, und sie bewegen sich aktiv darauf zu. Sie nähern sich der Nahrung, überwinden auf dem Weg dahin Schwierigkeiten, weichen Gefahren aus und zerstören die Nahrung zielgerichtet, um sie sich gleich zu machen. Die Nahrung »erleidet« die Assimilation.

Aber das aktive Handeln der Tiere hat seine Ursache im Hunger, der nicht ihrer Kontrolle unterliegt. Sie »erleiden« den Hunger. Da der Hunger in ihnen selbst ist, sind sie Opfer der Wirkung ihres eigenen Körpers. Dieser Zusammenhang wird in dem Begriff der »Leidenschaft« verdichtet. Allerdings werden die Ausdrücke »Opfer« und »Leiden« hier im neutralen Sinne ohne Bewertung gebraucht. Sie sagen nicht aus, daß es sich um ein Übel oder sogar um etwas ethisch Verwerfliches handelt. Der Begriff »Leidenschaft« sagt nur aus, daß der Grund der Bewegung nicht in der Verfügung des Handelnden liegt. Das Tier kann nicht entscheiden, keinen Hunger zu haben. Das Tier kann nicht einmal entscheiden, für die Befriedigung des Hungergefühls nichts zu unternehmen. Die Bedürfnisse der Tiere werden durch die in der Natur eingeschriebene göttliche Vernunft zu einer sinnvollen Gestalt gefügt.

Der Mensch entstammt zunächst völlig diesem animalischen Zusammenhang. Er muß, um seinen Körper zu erhalten, den Leidenschaften folgen. Ihnen ist er ausgeliefert wie die Tiere. Allerdings eröffnet ihm sein Denkvermögen eine neue Dimension der Aktivität. Anders als die Tiere kann er entscheiden, ein Bedürfnis zugunsten eines anderen Gutes zu unterdrücken. Er kann zum Beispiel beschließen, das Gefühl des Hungers zu ignorieren, um der Fettleibigkeit zu entgehen. Damit ist der Mensch in seinem Handeln nicht mehr nur Opfer seiner Bedürfnisse. Er hebt sich hervor aus dem unabweisbaren Zusammenhang der sinnvoll gefügten Natur. Er muß den Sinn selbst durch seine Vernunft erst herstellen. Das ist ein Vorteil, weil er bei Bedürfnissen, die sich widersprechen, eine bewußte (aktive) Entscheidung treffen kann. Während das Tier immer Opfer seines Hungers sein wird, d.h. fressen wird, wann immer Nahrungsangebot und Hunger zusammen auftreten, ungeachtet der eventuell negativen Folgen, kann der Mensch ein anderes Gut – etwa die Schlankheit – über den Wunsch, seinen Hunger zu befriedigen, stellen.

Der Vorteil des Menschen, sein höherer Grad an Aktivität, ist jedoch auch Quelle ständiger Selbstgefährdung. Weil er die natürliche Weisheit der Leidenschaft, die Gott gewährt, nicht gleichsam automatisch besitzt, kann sich sein Handeln unvernünftig gegen ihn wenden. Der Mensch ist in der Lage, durch instrumentelle Vernunft (»Klugheit«) sich weit mehr Befriedigung durch Nahrung zu verschaffen als das Tier. Weil Fettleibigkeit in der Natur durch die Begrenzung des Nahrungsangebots und durch die Mühe, die die Nahrungsbeschaffung verursacht, bei Tieren auf natürliche Weise verhindert wird, kann sie überhaupt erst beim Menschen auftreten, der sich mit Nahrung bevorraten und sie so zubereiten kann, daß der Genuß vom Gefühl des Hungers abgekoppelt wird. Wenn er dann nicht vernünftig darauf achtet, daß die Befriedigung des einen Bedürfnisses nicht die Befriedigung anderer, genauso wichtiger Bedürfnisse behindert, verkehrt sich sein Vorteil in einen Nachteil. Da Gott nicht gewollt haben kann, daß dem Menschen durch seine natürlichen Möglichkeiten etwas Nachteiliges und Schlechtes erwächst, sind die widervernünftigen Handlungen, mit denen sich der Mensch selbst schadet, »Sünden«.

Den Zusammenhang zwischen dem Gefühl der Leidenschaft und der Nahrungsaufnahme stellt auch die Umgangssprache her: Wir sprechen von »Liebeshunger«, »Rachedurst« und »Siegestrunkenheit«. Dies verweist auf den von Thomas festgestellten Ursprung der Leidenschaft im »Hunger«.

Ich muß mich beim heiligen Thomas entschuldigen, daß ich in der folgenden Dokumentation seines Begriffs der Leidenschaft nicht die Reihenfolge der Texte eingehalten habe, wie er sie in seiner »Summa theologica«, Teil I-II [*»prima secundae«*], Fragen 22 bis 48, vorgegeben hat.

Thomas handelt, nachdem er in den Fragen 22 bis 25 den Begriff der Leidenschaft im allgemeinen bestimmt, die Leidenschaften im besonderen folgendermaßen ab: zunächst die Liebe (Fragen 26 bis

28), dann den Haß (Frage 29), die Begierde (Frage 30), die Lust (Fragen 31 bis 34), Schmerz und Trauer (Fragen 35 bis 39), Hoffnung und Verzweiflung (Frage 40), die Furcht (Fragen 41 bis 44), die Kühnheit (Frage 45) und schließlich den Zorn (Fragen 46 bis 48).

Diese Reihenfolge ist Thomas durch die Tradition vorgegeben. Bei dem Studium seiner Kommentare ergibt sich jedoch eine präzise Struktur, in der er die Leidenschaft beschreibt – an die Tradition knüpfend, aber auch durch einen größeren Grad an Systematik über sie hinausgehend. Diese Systematik beschreibe ich nun.

LUST = BEDÜRFNISBEFRIEDIGUNG

Von unserer heutigen Verwendung des Begriffs Leidenschaft her ist es verwunderlich, die Lust [*delectio*] überhaupt zu den Leidenschaften zu zählen. Thomas' Einordnung der Lust unter die Leidenschaften leuchtet jedoch sofort ein, wenn wir bedenken, daß wir Objekt unserer Lust sind: Wir können nicht aktiv darüber befinden, woran wir Lust haben, sondern wir »erleiden« die Lust bei Handlungen, die uns angemessen sind.

Allerdings macht diese Überlegung auch deutlich, daß die Lust nicht eine Leidenschaft wie jede andere ist. Die Lust ist in gewisser Weise die oberste Leidenschaft überhaupt. Denn alle Handlungen sind darauf gerichtet, daß sie Lust erzeugen. Die Lust kann dabei nicht Ziel der Handlung sein, sondern sie zeigt, daß unsere Handlung das erstrebte Gut erreicht hat. Die Wendung »Ich habe Lust zu...« ist nur im übertragenen Sinne vernünftig. Sie muß voll ausformuliert heißen: »Ich erwarte, daß diese Handlung mir Lust bringt.«

Mir scheint, daß diese Aussage heute am besten zu dem Begriff »Bedürfnisbefriedigung« paßt. Wir sagen nämlich nicht, »ich tue Bedürfnisbefriedigung«, sondern »das Tun einer bestimmten Handlung befriedigt meine Bedürfnisse«. Genau diese Form spricht Thomas der Lust zu.

Die der Bedürfnisbefriedigung entgegengesetzte Leidenschaft ist die Unlust, die sich im Schmerz des Körpers oder in der Trauer der Seele äußert. Sowohl Thomas' Beschreibung der Lust (Bedürfnisbefriedigung) als auch der Unlust demonstrieren deutlich, wie konsequent er in der Verzahnung von Körper und Geist in der Seele vorgeht. Darum habe ich einige Passagen aus den »Heilmitteln« für die Trauer dokumentiert. Thomas argumentiert zum Beispiel gegen die Einwände, eine den Körper betreffende Handlung wie das Baden könne doch wohl nicht die seelische Trauer vermindern. Doch, sagt Thomas: Körperlicher und seelischer Zustand sind nicht getrennt, sondern sie verhalten sich wie zwei Seiten einer Medaille.

Das Bedürfnis lenkt die Handlung auf ein Gut, dessen Erreichung Befriedigung vermittelt. Die Handlung kann jedoch auf eine Hemmung stoßen, das Gut kann zerstört oder anderswie »belegt« sein. Die Hemmung mag von einem natürlichen Hindernis ausgehen, z. B. einem im Wege liegenden Felsen. Die anderweitige Belegung eines Gutes kann z. B. darin bestehen, daß die Nahrung, auf die sich mein Bedürfnis richtet, von einem anderen Lebewesen konsumiert wird.

Im Normalfall wird die Hinlenkung auf ein Gut durch die »Liebe« bewirkt, die Ablehnung der Hemmungen durch den »Haß«. Neben den »begehrenden« Handlungen, die direkt auf das begehrte Gut zielen, stehen »überwindende« Handlungen, die sich gegen Hemmungen des Guten richten.

Unter zwei Bedingungen erhalten nach Thomas Handlungen zur Überwindung von Hemmungen eine besondere Qualität, die Qualität einer eigenen Leidenschaft. Die erste Bedingung ist, daß es sich um ein schwerwiegendes Hindernis handelt, dessen Beseitigung große körperliche und (oder) geistige Anstrengungen erfordert. Die zweite Bedingung besteht darin, daß das Hindernis eine solche übermächtige Gegenwart hat, daß einfache Formen, es zu behandeln, nicht mehr hinreichen. Wenn ein Tier bei der Nahrungssuche von konkurrierenden Nahrungssuchern umzingelt ist, kann es dies Problem nicht mehr durch Flucht lösen. Es muß sich dem Kampf stellen, ganz gleich, wie groß seine Chancen auf Sieg sind.

Diese Leidenschaft nennt Thomas Zorn. Moderner gesagt handelt es sich um die Aggression. Das aggressive Verhalten basiert immer darauf, daß das, was die Unlust auslöst, eine Mächtigkeit hat, die der Handelnde meint, nur mit Angriff abwenden zu können. Dies trifft auch für abstraktere Gefühle wie Ehrverletzung zu: Wer sich in der Ehre getroffen sieht, sieht diese erst als wieder hergestellt an, wenn er den Ehrverletzer zur Rechenschaft gezogen hat.

Die Aggression ist wie die anderen Leidenschaften nicht in ihrem Kern schlecht oder abzulehnen. Sie hat stets einen rationalen Gehalt: Sie basiert auf einem (wie weit auch immer getrübten) Urteil, eine derart schwere Verletzung der eigenen Güter liege vor, daß sie nur durch wütende Vergeltung wieder gutzumachen ist. Dabei schießt die Aggression tendentiell über das Ziel hinaus. Sie begrenzt sich nicht aus sich selbst heraus auf das, was gerecht ist, nämlich den Ausgleich der Verletzung, sondern überkompensiert den Schaden. Die Begrenzung auf die gerechtfertigte Kompensation muß die Vernunft leisten, die die Leidenschaft der Aggression sowohl auslöst, als sie auch kontrollieren soll.

Die Lenkung der Handlung auf das Gut ist das Wesen der Liebe. In der Liebe drückt sich aus, daß der Handelnde ein Objekt als ihm zuträglich erkennt. Daß die Liebe vom Begriff her immer auf ein Objekt geht, wird zu einem Problem, wenn dieses Objekt ein aktiv Handelnder ist. Die Beschreibung der Liebe bei Thomas, der schmelzenden Vereinigung, gehört zu den schönsten Stellen seiner Schriften überhaupt. Sie erklärt aber auch, woher die Schwierigkeiten in der Liebe zwischen Menschen rühren.

Thomas legt eine Theorie vor, die von »einfachen« Lebensäußerungen wie Nahrungsaufnahme über Freundschaft und geschlechtliche Liebe bis hin zur Gottesverehrung eine gemeinsame Klammer sieht: die Assimilation, die »Coaptation«, oder poetisch »Liebe« und »Hunger«. Dies ist ein Prozeß, in welchem Aggression notwendig ist, Zerstörung der einen Gestalt um der neuen Gestalt willen. Ebenso wird eine heikle Beurteilung durch den verlangt, der da liebt, ob das, was er liebt, ihm zuträglich oder abträglich ist. Denn die Anpassung ist gegenseitig. Das, was geliebt wird, also eigentlich als »passiv« angesehen wird, geht in die neue Gestalt ein und bestimmt sie mit. Das ist bei der Aufnahme schlechter Nahrung nicht anders als beim Hang zur Sünde. Die Liebe ist eine Leidenschaft: Der Mensch muß zwar erkennen, was ihm angemessen ist, aber diese Erkenntnis ist eine Entdeckung von etwas, das nicht beeinflußt werden kann. Wer erkennt, was ihm angemessen ist, erleidet gewissermaßen die Angemessenheit, weil er sie nicht kontrolliert. Er muß sie passiv hinnehmen.

Der Haß basiert, wie der Zorn auch, auf der Liebe. Ohne Liebe gibt es keinen Haß. In der Weise, wie Thomas es erklärt, bekommt diese Aussage den Charakter einer unabweisbaren Logik: Hassen kann man nur, weil das, was man haßt, dem Gut entgegensteht, das man liebt.

Das Verhältnis von Befriedigung und Aggression zu Liebe und Haß ist das von Ursache und Wirkung: Die Liebe verursacht die Hinbewegung auf ein Gut, das erreichte Gut bewirkt die Befriedigung.

Liebe und Verlangen [desiderium] sind von der Entstehung her gesehen früher als die Bedürfnisbefriedigung. Die Bedürfnisbefriedigung jedoch ist grundlegender von der Zielsetzung her gesehen. [Summa theologica I-II, 34,4 ad 1]

Analog verursacht der Haß die Ablehnung dessen, was das geliebte Gut beschädigt. Eine nicht gelungene Abwendung der Beschädigung bewirkt Aggression.

WEITERE LEIDENSCHAFTEN

Die anderen Leidenschaften, die Thomas behandelt, sind Spezialfälle dieser primären Leidenschaften. Die Begierde [*concupiscentia*] ist die Leidenschaft, die sich auf ein »abwesendes« Gut richtet. Sie ist ein starkes Verlangen nach etwas, das als Gut gewünscht wird, aber noch nicht vorhanden ist. In diesem Sinne ist die Begierde ein Spezialfall der Liebe. Die Furcht [*timore*] ist die Leidenschaft, in welcher jemand ein zukünftiges ernsthaftes Übel erkennt, von dem er sich entfernt. So besehen ist sie eine besondere Reaktion auf Haß. Die Kühnheit [*audacia*] ist dic der Furcht entgegengesetzte Reaktion auf Haß: Sie greift das drohende Übel an. Sie unterscheidet sich nur geringfügig von der Aggression. Die Hoffnung [*spe*] bezieht sich auf ein zukünftiges Gut, das schwer erreichbar ist, aber erreicht werden kann. Die Verzweiflung [*desperatione*] richtet sich auf ein drohendes Übel, das unabwendbar zu sein scheint. Darum sind Hoffnung und Verzweiflung jeweils auf Liebe und Haß bezogen.

Eigenartigerweise behandelt Thomas nicht den Neid, der auch eine zusammengesetzte Leidenschaft ist: Der Neid richtet sich auf ein Gut, das der Neider liebt, aber in der Weise, daß er den haßt, der das Gut statt seiner besitzt. Liebe, die sich als Haß äußert, ist vom psychotherapeutischen Standpunkt aus gesehen neurotisch.

»LEIDENSCHAFT« HEUTE: GEFÜHL UND TRIEB

Die Namen der Leidenschaften verbinden sich heute eher mit dem Begriff des »Gefühls«. Liebe, Haß, Lust, Zorn, Hoffnung und Verzweiflung sind die »Gefühle«, die wir von uns aussagen. In diesem Begriff steckt noch ein bißchen vom thomistischen Begriff der Leidenschaft: Wir fühlen in uns *etwas*. Dies ist ein Akt der Erkenntnis. Aber das, was wir fühlen, ist nicht im Bereich des Einflusses unserer Handlungen. Da wir das, was wir als Gefühl »fühlen«, also wahrnehmen oder erkennen, nicht unter Kontrolle haben, spricht man auch vom »Trieb«: Im Begriff des Triebs wird ebenfalls angedeutet, daß wir das, was uns antreibt, »erleiden« und nicht bestimmen.

Das, was in den Vorstellungen von »Gefühl« und »Trieb« verloren geht, ist der Anteil, den die Vernunft an den Leidenschaften hat. Wir »fühlen« in uns hinein, aber wir richten unsere Aufmerksamkeit nicht mehr auf das, was uns angemessen ist. Wir folgen dem »Trieb«, aber wir fragen nicht mehr, ob das, wohin wir uns treiben lassen, vereinbar ist mit uns selbst, mit unseren Mitmenschen und mit unserer Umwelt.

Durch diese Begriffsverarmung machen wir uns gleichsam zu doppelten Opfern: Wir erleiden das, was uns unser Körper als zu erreichendes Gut vorsetzt, und zusätzlich erleiden wir das Ergebnis unseres Handelns, für das wir keine Verantwortung übernehmen. Für Thomas setzt die Leidenschaft einen *Inhalt* (nämlich das »Gut«) für das Handeln, aber die *Form* des Handelns unterliegt der Verantwortung jedes einzelnen vernunftbegabten Lebewesens. Damit ist jeder Mensch moralisch gesehen autonom.

Für uns heute treten Fühlen und Vernunft auseinander. Für das, was wir fühlen, sind wir nicht verantwortlich und darum auch nicht für das, was wir aufgrund des Gefühls tun. Es leuchtet jedoch ohne weiteres ein, daß niemand Beliebiges tun kann, um seine Bedürfnisse zu befriedigen. Unter den Menschen treten Konflikte zwischen den erstrebten Gütern auf. Die Regeln, die notwendig sind, um die Konflikte um unvereinbare Güter zu begrenzen und womöglich friedlich auszutragen, sind für uns heute nicht mehr Teil des individuellen Handelns, sie liegen nicht im Bereich der Verantwortung der individuellen Vernunft. Sie werden vielmehr auf die äußeren, regelnden Instanzen der politischen Institutionen übertragen.

Gegen die Übermacht der institutionellen Regeln zeigt sich starker Widerstand: Man fragt sich, ob bestimmte Regeln wirklich notwendig, ob sie der Natur des Menschen angemessen, ob sie erfolgreich sind usw. Demgegenüber tritt man ein für das »Recht, seine Gefühle auszuleben«. Aber den Gefühlen und Trieben fehlt die innere Verbindung zur Vernunft, die eine autonome Entscheidung des einzelnen Menschen darüber ermöglicht, ob er etwas tut oder sein läßt.

Der Vergleich zwischen dem thomistischen Begriff der Leidenschaft und unseren heutigen Ersatzbegriffen macht klar, wie wichtig es ist, sich der Verunsicherung zu stellen, die von Thomas' Begriff ausgeht. Jedenfalls, wer sich dem Ziel verschrieben hat, gegen die herrschenden Institutionen die selbstbestimmte autonome Menschheit zu verteidigen, kommt nicht umhin, auch die psychologischen Grundlagen des modernen Staatlichkeitswahns zu verändern.

GUT UND BÖSE

Wie keine andere Psychologie vermag die des Thomas den Zwiespalt des Menschen zu erklären. Während die animalischen Leidenschaften und die göttliche Vernunft immer gut sind, weil sie nicht anders können, als das ihnen angemessene Gut zu erstreben, enthält die spezifisch menschliche Verquickung von beidem eine problematische Selbstgefährdung:

Der Mensch, der versucht, das Animalische in sich zu ignorieren, wird nie ein ihm angemessenes Gut definieren können und darum auch nie ein befriedigendes Leben führen. Der Mensch, der demgegenüber bloß seinen animalischen Bedürfnissen folgt, wird in einen widersinnigen Konflikt geraten, der ebenfalls die Möglichkeiten der Befriedigung minimiert. Das hat Gott nicht gewollt, da er auf nichts Schlechtes abzielt.

Körperfeindlichkeit und Leibversessenheit sind in jeweils umgekehrter Weise Sünden gegen Gott: Die Körperfeindlichkeit ist in sich selbst genommen eine Sünde, da sie die naturgemäße Bestimmung des Menschen, die er durch Gott hat, verletzt. Die Leibversessenheit ist nur insofern eine Sünde, als sie den gottgegebenen Leib beschädigt. Aber es ist nicht Gott, der die Weisheit der Leidenschaft für den Menschen bereit hält, sondern der Mensch muß sein Gut immer wieder aufs neue selber erkennen. Ich kenne keine Formulierung des Zusammenhanges zwischen Vernunft und Körper, die so präzise ist wie die von Thomas:

Die Behinderung der Vernunft bei Tätigkeiten, die den körperlichen Bedürfnissen folgen, etwa Sexualität, drängen zwar die Vernunft in den Hintergrund, auch wenn es vernunftgemäßes Handeln ist. Aber dies ist nicht ethisch schlecht, so wie auch der vernünftig eingesetzte Schlaf nicht ethisch bedenklich ist, obgleich er den Vernunftgebrauch unterbricht: denn die Vernunft selbst bestimmt, daß bisweilen von der Vernunft abzusehen ist.

[Summa theologica I-II, 34,1]

DIE ETHISCHE FRAGESTELLUNG

Das Lebewesen, das denken kann, will immer das Richtige tun, was es auch tun mag. Wer vorhat, sein Fahrrad zu reparieren, will, daß die Reparatur gelingt. Er setzt seine Erfahrung, seine Geschicklichkeit und seine Intuition ein, um richtig zu handeln. Wer jemanden ermorden will, der setzt alles daran, den Mord richtig zu begehen: Das Opfer soll tot, der Mörder aber unauffindbar sein. Wer etwas tut »um seiner selbst willen« – Handlungen, von denen manchmal gesagt wird, sie seien ohne Ziel oder Absicht – möchte darin Freude, Entspannung oder ähnliches finden. Wer etwa Ausgleichssport betreibt, will im Sport den Ausgleich beispielsweise zu seiner Büroarbeit erreichen. Auch wer sich nur nervös am Kopfe kratzt, will damit seine Nervosität lindern.

Ein Ziel zu verwirklichen, indem das Richtige getan wird, ist das Gut, das in jeder Handlung steckt. Das folgt aus der Anthropologie und Psychologie des Thomas. Doch immer wieder läßt er durchblicken, daß es auch eine ethische Beurteilung der Handlungen über die Perspektive des einzelnen hinaus gibt. Wie kann sie entstehen? Oder konkret auf das angeführte Beispiel bezogen: Wie kann Mord als *böse* Handlung identifiziert werden?

Es ist, um Thomas zu verstehen, ganz wichtig, diese Frage sehr ernst zu nehmen und nicht etwa als rhetorische abzutun. In der Ethik des Thomas geht es nicht um die Sitte, um das »was man tut bzw. nicht tut«. Auch reicht es nicht, auf das Gebot »Du sollst nicht töten« zu verweisen. Denn Gott hätte dieses Gebot dem Menschen nicht gegeben, wenn es nicht vernünftig zu begründen wäre. (Behaupten zu wollen, Gott hätte etwas Unvernünftiges getan, wäre nach Thomas im höchsten Maße eine lästerliche Unterstellung!) Die Aufgabe der Ethik ist es demnach, eine vernünftig begründete Unterscheidung zwischen Gut und Böse vorzulegen. Erst durch die Vernunft wird die Ethik verbindlich.

DIE THOMISTISCHE VERNUNFTETHIK

Thomas beginnt die ethischen Überlegungen ganz im Sinne seiner ganzheitlichen Argumentation. Alles, was sich bewegt, hat das Ziel, seine Lage zu verbessern. Damit wird auch alles, was bewegt wird, auf eine Verbesserung hin ausgerichtet. Der Stein, der fällt, bewegt sich gleichsam aus einer Lage, in der er nicht mehr sein kann, in eine Lage, in der er wieder sein (bzw. *ruhen*) kann.

Die Bewegungen des Seienden, das nicht über einen eigenen Willen verfügt, wird durch Gottes Vernunft auf das Ziel des Guten hingeordnet. Der Mensch dagegen muß sich selbst durch eigene Erkenntnis und Entscheidung auf das Gute verpflichten.

Bei der Analyse der Ziele ergibt sich eine aufsteigende Stufung: Der Stein fällt, weil er von einem Windstoß bewegt wurde. Der Windstoß ist eine Bewegung der Atmosphäre, die im Dienst des Ökosystems steht. Das Ökosystem ist das Erhaltungsprinzip der Natur. Auf diese Weise verbindet sich das individuelle Gut mit dem allgemeinen Gut.

Das gilt auch für das menschliche Handeln: Ich repariere das Fahrrad, um eine Tour machen zu können. Ich will eine Radtour machen, um einen Ausgleich zur sitzenden Arbeit zu schaffen. Ich strebe den Ausgleich an, um ein gutes – ausgeglichenes, gesundes – Leben führen zu können.

Das »gute Leben« ist seit der griechischen Antike das Ziel der Ethik. Allerdings sind wir jetzt noch nicht an dem Punkt angelangt, an welchem der Mord als böse bezeichnet werden kann. Der Mörder würde ja sagen, damit er gut leben könne, müsse sein Widersacher getötet werden. Diese Äußerung des Mörders enthält eine wichtige Präzisierung. Es ist nicht sein primäres Ziel, daß sein Widersacher tot ist, sondern sein gutes Leben ist sein primäres Ziel. Der Mord ist »nur« das Instrument dazu. Das Instrument hat jedoch ein problematisches Kennzeichnen. Es bedeutet, daß ein sehr hohes Gut seines Widersachers – dessen Leben nämlich – zerstört wird.

Die Zerstörung selbst kann nicht Ziel sein. Sie läßt sich nicht wie das Gut verallgemeinern. Denn sie widerspricht dem Prinzip des Seins. Gutes Handeln bedeutet nach der thomistischen Ethik, das individuelle Gut zu befördern, ohne fremde Güter zu zerstören.

Analysieren wir das Beispiel des Mörders bis zur letzten Konsequenz: Der Widersacher, seine Verwandten, Freunde und alle an der öffentlichen Sicherheit interessierten Mitmenschen werden sich gegen den Mörder stellen und ihn mit Haß und Aggression verfolgen. Damit zerstören sie in Reaktion auf sein Handeln das gute Leben von ihm. Sofern das Gefühl der Sicherheit vor willkürlicher Tötung als Teil des guten Lebens angesehen wird, ist die Beabsichtigung von Mord schlecht. Die öffentliche Sicherheit ist – analog dem erwähnten Ökosystem – eine der Verbindungen zwischen individuellem und allgemeinem Gut. Könnte der Mörder dieser Logik nicht entgehen, indem er sagt, ihm liege an der öffentlichen Sicherheit nichts, er lebe gern gefährlich? Auch dieser Trick hilft ihm ethisch gesehen nichts. Denn wenn er dies sagte, würde er mit seiner eigenen Zustimmung von jedem beliebigen Mitmenschen getötet werden können. Insofern würde er der eigenen Ermordung zustimmen. Auch das ist widernatürlich und nur als neurotische Deformation aufzufassen.

Zerstörung ist nicht Ziel, aber bisweilen leider unausweichliche Nebenfolge einer Bewegung unter der Bedingung des irdischen, materiegebundenen Daseins. Der Stein, der im Zusammenhang mit dem allgemeinen Gut des Ökosystems fällt, könnte dabei ein Lebewesen erschlagen.

Beim menschlichen Handeln ist es die Gerechtigkeit, die die Grenze zwischen der unvermeidlichen, ethisch gerechtfertigten Zerstörung und dem Bösen bestimmt. Gerechtigkeit bestehe in Gleichgewicht und Angemessenheit, sagt Thomas. Um zu verstehen, was damit gemeint ist, sei das Beispiel des Mörders weitergeführt.

Der Mörder, habe ich eben gesagt, will den Tod seines »Widersachers«. Um welche Art Widersacher handelt es sich? Dies ist bei der ethischen Bestimmung der Handlung von entscheidender Bedeutung. Der Widersacher kann seinerseits das Leben des Mörders bedrohen. Dann ist die Gegenwehr, die eventuell im Tod des Widersachers mündet, »gerecht«: Es werden Güter der gleichen Stufe, nämlich Leben gegen Leben, bedroht und verteidigt. Vielleicht hat der Widersacher aber nur ein niedrigeres Gut des Mörders bedroht, etwa sein Auto demoliert. Dann würde die Tötung nicht gerecht sein, weil sie das geringere Gut des materiellen Gegenstands gegen das höhere Gut des Lebens gleichsam tauscht. Das ist nicht angemessen. Machen wir wieder die Probe: Könnte der Mörder nicht sagen, für ihn stehe das materielle Gut seines Autos höher als das des Lebens? Die

Antwort lautet wie eben: Wenn er dies sagt, macht er sein eigenes Leben zu einem geringeren Gut, das von seinen über den Mord aufgebrachten Mitmenschen ohne weiteres für ein »höheres« Gut genommen werden könnte. Das Böse zerstört nie das Gute gänzlich. Während sich das Gute verallgemeinern läßt zu einem universellen Gut, bleibt das Böse immer vereinzelte »partikulare« Nebenwirkung. Es ist dabei wichtig zu realisieren, daß der Gegensatz zwischen guter Universalität und böser Partikularität nicht der Gegensatz zwischen dem einzelnen Menschen und der Gesellschaft ist: Der Gegensatz besteht *in* jedem einzelnen Menschen zwischen seiner Vernunft und seinen Leidenschaften, sofern er sie nicht unter die Regeln der Vernunft stellt. (Um kein Mißverständnis aufkommen zu lassen, will ich daran erinnern: Die die Leidenschaft regelnde Vernunft soll die Bedürfnisse nicht unterdrücken, sondern so ordnen, daß ihre Befriedigung möglich ist.)

Weil das Böse selbst nicht Ziel sein kann, muß das Gute Ursache des Bösen sein: Wenn ein Gut angestrebt wird, kann sich als Nebenfolge etwas Böses einstellen. Von den Kräften her gesehen ist die Ursache des Bösen allerdings ein Defizit an Denkvermögen oder Urteilskraft.

Zwischen Gut und Böse können nicht starre Richtlinien oder Gesetze unterscheiden. Die Unterscheidung setzt eine Auseinandersetzung mit den Motiven und Gründen jeder einzelnen Handlung voraus. Die Weisheit, nicht das Gesetz unterscheidet zwischen Gut und Böse. Ein Richter, der irgend jemanden aufgrund eines ungerechten Gesetzes verurteilt, ist in Thomas' Augen selbst ein Verbrecher.

Gott, der höchste Richter, kann jedem Menschen verzeihen, weil er das Gute noch in der bösesten Handlung zu erkennen in der Lage ist. Er steht für das höchste Gut, die Glückseligkeit, in der kein anderes Gut zerstört oder auch nur verletzt werden könnte.

Der menschliche Richter dagegen nimmt sich der Streitfälle zwischen den Menschen an, die sich gegenseitig beschuldigen, das Gut des jeweils anderen beschädigt zu haben. Seine Aufgabe ist es, die Güter vernünftig zu analysieren und eine Lösung zu finden, in der die geringst mögliche Beschädigung von Gütern stattfindet. Eine solche Lösung hat die Zustimmung der Vernunft. Wenn eine der Konfliktparteien sich der Vernunft verweigert, stimmt sie jedem beliebigen Urteil zu, denn einen Einwand gegen ein Urteil kann nur die Vernunft formulieren.

DIESSEITS ODER JENSEITS VON GUT UND BÖSE?

Die Frage zielt auf Friedrich Nietzsches Buch »*Jenseits von Gut und Böse*« von 1886. Nietzsches Angriff auf die Moral – fortgeführt in »*Zur Genealogie der Moral*« (1887) und »*Götzendämmerung*« (1888) – ist in gewisser Weise der Beginn der Entwicklung, die zur heutigen »postmodernen« Verachtung der Vernunft führt. Und diese würde, wenn sie denn stichhaltig wäre, in der Tat das System des Thomas von Aquin aushebeln.

Nietzsche warf der Philosophie generell vor, als »Wahrheit« zu deklarieren, was in Wirklichkeit eine Fälschung sei. Er behauptete: Die Interpretationen dessen, was man Wirklichkeit nenne, folgten dem, was unter dem Gesichtspunkt der Nützlichkeit gerade am passendsten erscheine. Genau so verhält es sich Nietzsche zufolge mit der Moral und den Begriffen von Gut und Böse: Sie seien daran ausgerichtet, was die gesellschaftliche Klasse, die die Definitionsmacht inne habe, als ein für ihre Herrschaft nützliches Verhalten ansehe. Um dann die eigene Perspektive, das eigene Interesse, den eigenen Egoismus zu verallgemeinern, sei dieses Verhalten als »moralisch« deklariert und die dahinterstehende Theorie als »Wahrheit« ausgegeben worden.

Sozialgeschichtlich ist Nietzsches Ansatz von großem Wert. Er ermöglicht, die Geschichte des Denkens und der Moral mit der Frage kritisch zu untersuchen: »Wem nützt ein solches Denken, eine solche Moral?« (In der Soziologie heißt dieses Verfahren »Ideologiekritik«.) Man kann die jeweiligen Interessen herausfinden, die zur Formung und Annahme bestimmter Ideen geführt haben. Insoweit ist nichts dagegen einzuwenden, sich »jenseits von Gut und Böse« befinden zu wollen.

Aber anders als seine postmodernen »Nachfolger« ist Nietzsche an dieser Stelle nicht stehen geblieben. Bezogen auf sich selbst beanspruchte er, daß seine Aussagen der Wahrheit entsprechen. Das, was er gedacht hat, hat er nicht unter dem Gesichtspunkt betrachtet, ob es für ihn von Vorteil sei: »Man muß nie fragen, ob die Wahrheit nützt, ob sie einem Verhängnis wird« (Nietzsche, Werke, München 1966, Bd. II, S. 1163). Nietzsches Kritik, die bisherige Philosophie sei nichts als ein Instrument der »Lüge«, bezieht ihren Maßstab also aus einer unbedingten Hinordnung zur Wahrheit und *nicht* aus der modischen Behauptung, Wahrheit sei ein überholter Begriff.

In gleicher Weise wies Nietzsche auch die Meinung von zeitgenössischen Rezensenten zurück, mit seinem Wort des »jenseits von Gut und Böse« habe er »die Abschaffung aller anständigen Gefühle beantragt«. Demgegenüber betonte Nietzsche, er habe sich nur »erlaubt, die Frage aufzuwerfen, ob wir wirklich moralischer geworden sind« (ebd., S. 1012). Nietzsches Kritik an der Moral war in Wirklichkeit ein Trauern über ihre Abwesenheit, nicht eine oberflächliche Verdammung des Projekts, die Begriffe Gut und Böse zu bestimmen. Nietzsche unterstellte den »bisherigen Philosophen« (wie er seine Vorläufer abfällig nannte), sie meinten, die Begriffe »Gut« und »Böse« gehörten zu den eingeborenen Ideen, die die Menschen bloß aufnehmen. Sie würden nicht von ihnen durch ihre Vernunft geschaffen.

Die Philosophie des Thomas ist in der Lage, jenseits der vorgegebenen Ideen von Gut und Böse sie aus der Vernunft zu erschließen, also sie gleichsam »diesseits« wiederzugewinnen.

Das Motto der vernünftigen Ethik ist: Handle angemessen und verantwortlich!

Ist der Begriff der »Leidenschaft« überhaupt der Seele angemessen?

(1.) Eigentlich kann doch nur Materie etwas »erleiden«. Die Seele enthält jedoch keine Materie [...]. Darum kann sie nichts »erleiden« und anscheinend keine Leidenschaft haben.

(2.) Außerdem sagt der Philosoph [Aristoteles] im dritten Buch seiner »Physik«, »Leidenschaft« sei eine Bewegung. Wie er jedoch im ersten Buch »Über die Seele« bemerkt, werde die Seele nicht bewegt. Auch daraus könnte man ableiten, daß auf die Seele der Begriff der Leidenschaft gar nicht sinnvoll angewendet werden kann.

(3.) Außerdem steckt im »Erleiden« etwas Zerstörerisches. Aristoteles sagt in seiner Topik, »jede starke Leidenschaft tut der Substanz Abbruch«. Die Seele allerdings ist unzerstörbar. Also scheint der Begriff der Leidenschaft für sie nicht zutreffend sein zu können.

Andererseits heißt es beim Apostel [Paulus] (Röm 7,5): »Denn als wir noch dem Fleische verfallen waren, wirkten die Leidenschaften der Sünden, die das Gesetz hervorrief, in unseren Gliedern.« Die »Sünde« findet allerdings in der Seele statt. Demnach müßten also auch jene »Leidenschaften«, die hier als »sündig« beschrieben werden, in der Seele angesiedelt sein.

Auf diesen Widerspruch antworte ich, indem ich zunächst darauf hinweise, daß wir vom »Erleiden« in dreierlei Hinsicht sprechen können.

[A.] Zunächst einmal könnte man ganz weitgefaßt sagen, ein »Erleiden« liege immer dann vor, wenn etwas verändert wird, auch wenn dem Veränderten dabei nichts abhanden kommt. So könnte man etwa sagen, die Luft »erleide« das Licht. Dabei handelt es sich dann jedoch eher um ein »Hinzutreten« als um ein Erleiden.

[B.] Enger gefaßt bedeutet »Erleiden«, daß bei der Veränderung etwas hinzutritt, etwas anderes jedoch abhanden kommt. Bei dem, was abhanden kommt, kann es sich durchaus um etwas handeln, was sowieso nicht zuträglich war: So »erleidet« ein Lebewesen die Gesundwerdung, indem das Krankhafte »abhanden« kommt.

[C.] Im eigentlichen Sinne bedeutet »Erleiden« jedoch, daß das Umgekehrte eintritt: Ein Lebewesen »erleidet« eine Krankheit, weil durch das »Hinzutreten« des Krankhaften die Gesundheit »abhanden« kommt. Dies ist der eigentliche Sinn des Wortes »erleiden«, denn es bedeutet, daß das, was »leidet«, der Wirkung einer fremden Kraft unterworfen ist. Das jedoch äußert sich immer dann besonders stark, wenn durch die Wirkung der fremden Kraft dem Wesen dessen, was leidet, Abbruch getan wird. So heißt es auch bei Aristoteles im ersten Buch »Über das Entstehen und Vergehen«: Wenn etwas Höheres entsteht, ist es von untergeordneter Bedeutung, daß das Niedere »vergeht«. Umgekehrt liegt die Sache, wenn das Höhere vergeht, um Niederen Platz zu machen.

So besehen kann die Seele tatsächlich etwas »erleiden«. Im weiteren Sinne – nämlich im Sinne des »Hinzutretens« durch Aufnahme – spricht Aristoteles in »Über die Seele« davon, die Seele »leide«, indem sie empfinde und verstehe. Leiden im engeren Sinne, bei dem etwas »abhanden« kommt, ist in der Seele demgegenüber tatsächlich nur dann möglich, wenn eine materielle Veränderung stattfindet. In diesem Fall leidet die Seele nicht in ihrem Wesen, sondern als Teil ihres körperlichen Ganzen. So besehen ist Traurigkeit im eigentlicheren Sinne eine Leidenschaft als Fröhlichkeit.

(Zu 1.) Zum ersten Einwand, warum der Begriff Leidenschaft nicht auf die Seele angewandt werden könne, ist darum zu sagen: Ein Erleiden im engeren Sinne, daß etwas abhanden kommt oder verändert wird, ist eine Eigentümlichkeit der Materie. Daher findet ein solches Erleiden nur dort statt, wo ein materieller Stoff und eine immaterielle Gestalt zusammengesetzt sind. Das Erleiden im weiteren Sinne, das nur besagt, daß etwas aufgenommen wird, ist nicht an Materie gebunden. Es kann immer stattfinden, wenn überhaupt die Möglichkeit der Veränderung gegeben ist. Die Seele selbst ist zwar nicht aus Materie und Gestalt zusammengesetzt, aber sie hat die Möglichkeit der Veränderung: Sie kann etwas Aufnehmen und somit »erleidet« sie im Sinne von Aristoteles das Erkennen.

(Zu 2.) Zum zweiten Einwand läßt sich mit Aristoteles sagen, daß die Seele im engeren Sinne ihrem Wesen nach nichts »erleidet« und nicht von außen bewegt wird, wohl aber in ihrer Gestalt als Teil eines Körpers.

(Zu 3.) Der dritte Einwand geht von dem Begriff des »Leidens« aus, der eine Veränderung zum Schlechten ausdrückt. Das erleidet die Seele tatsächlich nicht ihrem Wesen nach, sondern nur als Teil eines zerstörbaren Ganzen. [Summa theologica I-II, 22,1]

Es scheint zunächst, als gehöre die Leidenschaft eher zur Wahrnehmung, als daß sie ein Bedürfnis sei:

(1.) Alles wird am geschicktesten dem Gattungsbegriff zugeordnet, woraus es im Ursprung entstanden ist, wie Aristoteles im zweiten Buch seiner Metaphysik sagt. Die Leidenschaft nun ist zunächst Wahrnehmung und dann erst Bedürfnis: Man kann nicht an einem Bedürfnis »leiden«, wenn nicht zuvor die Wahrnehmung etwas aufgenommen, also »erlitten« hat. Also ist Leidenschaft Wahrnehmung und nicht Bedürfnis.

(2.) Je mehr etwas als Handlung bezeichnet werden kann, um so weniger passiv ist es. Darum ist das Handeln der Leidenschaft entgegengesetzt. Das Bedürfnis ist aber ein Teil der Seele, der mehr handelt als die Wahrnehmung. Demnach gehört die Leidenschaft wohl eher zur Wahrnehmung.

(3.) Das sinnliche Bedürfnis ist wie auch die sinnliche Wahrnehmung Eigenschaft des lebendigen Organismus. Die Leidenschaft der Seele nun vollzieht sich, um genau zu sein, entsprechend den Veränderungen des Körpers. Dann müßte sie genau so zur Wahrnehmung wie zum Bedürfnis gehören.

Auf der anderen Seite sagt Augustinus im neunten Buch von der »Gottesstadt«: »Die Regungen der Seele nennen die Griechen ›parthe‹. Einige der unsrigen Autoren, wie Cicero, nennen sie ›pertubationes‹ [Störungen], andere ›affectiones‹ [Beeinflussungen] oder ›affectus‹ [Stimmung], wieder andere halten sich näher an das Griechische und sprechen von ›Leidenschaften‹.« Das hieße ja, daß Leidenschaften das gleiche wie Beeinflussungen seien. Beeinflußt wird jedoch das Bedürfnis, nicht die Wahrnehmung. Demnach wären also die Leidenschaften eher Bedürfnisse als Wahrnehmungen.

Auf diesen Widerspruch antworte ich, indem ich auf das hinweise, was ich zum Begriff der Leidenschaft gesagt habe: Erleiden heißt, daß sich das, was etwas erleidet, der Wirkung einer fremden Kraft unterwirft. Die Seele unterwirft sich einer außer ihr stehenden Kraft jedoch eher aufgrund eines Bedürfnisses als aufgrund von Wahrnehmung. Denn durch das Bedürfnis setzt sie sich in Verbindung mit ihrer Umgebung, so wie sie wirklich ist. Darum deutet der Philosoph [Aristoteles] im sechsten Buch seiner Metaphysik indirekt an, das Gute und das Schlechte – was die potentiellen Ziele des Bedürfnisses ausmacht – stecke (anders als das Wahre und das Falsche) »in den Dingen selbst«. Die Wahrnehmung unterwirft sich der Umgebung nicht als außer ihr liegende Wirklichkeit. Vielmehr erkennt sie sie nach dem Abbild, was sie von ihr in sich trägt, oder sie nimmt sie in sich auf und macht sie zu einem Teil von sich. Darum sagt Aristoteles an der gleichen Stelle, das Wahre und das Falsche – was die potentiellen Gegenstände der Erkenntnis ausmacht – sei »nicht Teil der Sachen selbst, sondern Teil der Überlegung«. So versteht sich, daß die Leidenschaft mehr zum Bedürfnis zählt als zur Wahrnehmung.

(Zu 1.) Auf das erste Argument, warum die Leidenschaft eher Wahrnehmung sei, läßt sich so eingehen: Bezüglich der Aussage von Aristoteles müssen wir differenzieren, ob wir eine Bewegung hin zum Vollkommenen oder hin zum Mangel beschreiben wollen. Bei einer Bewegung zum Vollkommenen ist es tatsächlich so, daß die Vollkommenheit um so mehr erreicht ist, als eine Annäherung an den ersten Ursprung erfolgt. Je weiter sich etwas seinem Ursprung nähert, um so vollkommener ist es. So wird die Helligkeit von etwas gemessen an einem Punkt absoluter Helligkeit. Je mehr sich etwas diesem Punkt nähert, um so heller ist es. Bei einer Bewegung zum Mangel dagegen findet eine Steigerung nicht bezogen auf die Annäherung an seinen Ursprung statt, sondern bezogen auf die Entfernung von ihm. Der Mangel entfernt etwas von der Vollkommenheit, weil etwas weggenommen oder zerstört wird. Je weniger sich etwas seinem ersten Ursprung entfernt, um so geringer ist der Mangel. Am Anfang der Bewegung steht ein geringer, sich im Laufe der Entwicklung vergrößernder Mangel.

Die Leidenschaft bezeichnet nun einen Mangel, weil sie anzeigt, daß etwas möglich sein sollte, was aber nicht wirklich ist.

Je näher etwas der ursprünglichsten Vollkommenheit – also Gott –, ist, desto weniger nicht-verwirklichte Möglichkeiten und Leidenschaften enthält es; und umgekehrt. Darum ist die ursprünglichere Kraft der Seele, die Wahrnehmung, weniger der Leidenschaft unterworfen.

(Zu 2.) Zum zweiten Argument ist zu sagen: Das Bedürfnis ist näher am aktiven Handeln, weil es eher der Grund für eine Handlung ist als die Wahrnehmung. Das aber gerade deshalb, weil es in stärkerem Maße »leiden« kann: denn es ist an die Wirklichkeit der Umwelt gebunden. Durch das Handeln gelingt es, aktiv in diese Wirklichkeit einzugreifen.

(Zu 3.) Organe von Lebewesen können auf zweifache Weise verändert werden. Die erste Art der Veränderung besteht in einem rein geistigen Vorgang: Es wird das Abbild einer Wirklichkeit aufgenommen. Diese Veränderung findet in der Wahrnehmung durch die Sinne statt. Das Auge beispielsweise wird durch das Sichtbare verändert, aber nicht so, als ob es selbst verfärbt wird, sondern so, daß es einen Eindruck der Farbe aufnimmt.

Eine zweite Art der Veränderung eines Organs zieht seinen natürlichen Zustand in Mitleidenschaft; so kann es zum Beispiel heiß oder kalt werden oder sonst eine Veränderung erfahren.

Diese zweite Art der Veränderung betrifft allerdings nicht das Wesen des wahrnehmenden Sinnesorgans. Ein Beispiel ist etwa das Auge, das durch angestrengtes Hinsehen ermüdet oder sogar durch einen übermäßigen Reiz zerstört wird. Eine Veränderung, die den natürlichen Zustand in Mitleidenschaft zieht, ist demgegenüber für die Bedürfnisbefriedigung wesentlich. Aus diesem Grund spricht man von einer körperlichen Veränderung nur mit Hinblick auf das Bedürfnis. So sagt Aristoteles: »Bei der Aggression gerät das Herzblut in Wallung.« Dies macht klar, warum sich der Begriff der Leidenschaft eher auf das Bedürfnis bezieht als auf die Wahrnehmung, obwohl beides Tätigkeiten leiblicher Organe sind. [Summa theologica I-II, 22,2]

In der Frage, wie Leidenschaft ethisch zu beurteilen sei, unterschied sich die Position der Stoiker von der der Aristoteliker. Die Stoiker behaupteten, Leidenschaft sei immer schlecht. Die Aristoteliker dagegen hielten maßvolle Leidenschaft für gut. Dieser Unterschied ist den Begriffen nach groß, aber wenn man den Gedankengängen beider Schulen der Philosophie folgt, sieht man, daß sie gar nicht so weit auseinander liegen:

Die Stoiker unterschieden nicht zwischen Sinn und Verstand. Darum hielten sie auch sinnliche und geistige Bedürfnisse nicht auseinander. Damit fiel auch der Unterschied zwischen den Handlungen weg, die vom Bedürfnis einer leidenschaftlichen Seele und denen, die vom Bedürfnis des reinen Willens gesteuert werden, eine Unterscheidung, die die Leidenschaft als Teil des sinnlichen Bedürfnisses und den Willen als Teil des Verstandes sieht. Die Stoiker nannten vielmehr jede vernünftige, zielgerichtete Handlung »Willen«. Mit Leidenschaft bezeichneten sie eine Handlung, die die Grenzen der Vernunft übersteigt. Daher meinte Cicero, ihrer Ansicht folgend, alle Leidenschaften seien »Krankheiten der Seele«. Daran schließt er an: »Wer krank ist, ist nicht gesund. Und wer nicht gesund ist, ist nicht weise.« Wir bezeichnen ja auch diejenigen, die nicht weise sind, als »geisteskrank«.

Die Aristoteliker dagegen nennen alles, was an Handlungen aus den sinnlichen Bedürfnissen entspringt, »Leidenschaft«. Sie werden dann für gut befunden, wenn die Vernunft sie in ihrem Maß hält. Schlecht sind sie, wenn sie das vernünftige Maß sprengen. Die Kritik von Cicero an den Aristotelikern, die der maßgehaltenen Leidenschaft zustimmen, ist nicht angebracht: »Alles Schlechte«, sagt er, »muß man meiden, selbst wenn es maßgehalten wird. Ein Körper ist nicht gesund, auch wenn er ›nur‹ mittelmäßig krank ist. So ist auch ein Mittelmaß von Krankheit oder Leidenschaft für die Seele nicht gesund.« Nein, Leidenschaften sind nur dann »Krankheiten« oder »Störungen« der Seele, wenn sie nicht durch die Vernunft gemäßigt werden.

[Summa theologica I-II, 24,2]

Weil die Stoiker nun behaupteten, jede seelische Leidenschaft sei schlecht, war es ganz folgerichtig, daß sie auch meinten, Leidenschaftlichkeit mindere die ethische Rechtfertigung einer Handlung. Denn jedes Gut wird vermindert oder sogar ganz aufgehoben, wenn es mit etwas Schlechtem vermischt wird. Diese Argumentation ist zutreffend, solange wir bloß das ungezügelte

Handeln »Leidenschaft der Seele« nennen, das Bedürfnissen folgt, die auf Verwirrungen oder Krankheiten beruhen.

Wenn wir dagegen alle Handlungen »Leidenschaften« nennen, die sinnlichen Bedürfnissen folgen, dann gehört es zum vollkommenen Gut des Menschen, daß er durch die Vernunft seinen Leidenschaften das rechte Maß gibt. – Das Gut des Menschen gründet in seiner Vernunft. Darum ist es um so vollkommener, je mehr sich die Vernunft auf alles erstreckt, was zur Natur des Menschen gehört. Darum zweifelt auch niemand, daß zur vollkommenen Sittlichkeit gehört, das Handeln in der Wirklichkeit den Regeln der Vernunft zu unterwerfen. Da nun die sinnlichen Bedürfnisse der Vernunft gehorchen können, ist der Mensch in seinem Handeln dann ethisch gerechtfertigt, wenn er auch seine leidenschaftliche Seele durch die Vernunft zügelt.

Es ist besser, wenn der Mensch das Gute durch wirksames Handeln vollbringt, als es nur zu »wollen«. So gehört es auch zur ethischen Vollkommenheit, daß der Mensch nicht nur vom Willen zum Guten geprägt ist, sondern auch ein sinnliches Bedürfnis nach dem Guten hat. So heißt es im Psalm 84,3: »Mein Herz und mein Leib jauchzen ihm zu, ihm, dem lebendigen Gott.«

»Herz« steht hier für das geistige, »Leib« für das sinnliche Bedürfnis. [Summa theologica I-II, 24,3]

Die Bedürfnisbefriedigung [delectatio] kann anscheinend nicht als »Leidenschaft« bezeichnet werden. Denn sie »vollendet die Tätigkeit«, wie Aristoteles im zehnten Buch seiner »Ethik« sagt. »Vollendung« ist aber kein passives »Erleiden« oder Verändertwerden, wie er im siebten Buch der »Physik« und im zweiten Buch »Über die Seele« bemerkt. Demnach ließe sich Bedürfnisbefriedigung nicht als »Leidenschaft« bezeichnen.

Darauf antworte ich: Von »Leidenschaft« wird sinnvollerweise immer dann gesprochen, wenn ein sinnliches Bedürfnis [appetitus sensitivi] zum Handeln bewegen. Jeder Einfluß, der von einer Sinneswahrnehmung ausgeht, ist eine solche Bewegung. Die Bedürfnisbefriedigung [delectatio] muß von ihrem Begriff her als eine Bewegung der sinnlichen Bedürfnisse betrachtet werden.

Der Philosoph sagt im ersten Buch der »Rhetorik«: »Das Gefühl der Bedürfnisbefriedigung [delectatio: Genuß, Lust, Freude] ist gleichsam eine Bewegung der Seele und eine abgeschlossene und fühlbare Verwirklichung der natürlichen Anlagen.«

Um dies zu verstehen, muß man beachten, daß Seelenwesen ebenso wie alle natürlichen Dinge irgendwie zur Verwirklichung ihrer Natur streben. Und obgleich keine Bewegung die natürlichen Möglichkeiten abschließend ausschöpft, ist alles in sich abgeschlossen, was an natürlichen Möglichkeiten verwirklicht wird. Im Unterschied zu Seelenwesen empfindet andere Natur jedoch nicht den Zustand ihrer Verwirklichung: Seelenwesen empfinden ihn. Und diese Empfindung löst gleichsam eine sinnliche Bewegung der Seele aus: Sie ist Genuß, Lust, Freude [delectatio].

Mit der Wendung, dies sei eine »Bewegung der Seele«, wird das Wesen definiert. Mit der Wendung, es bezeichne »eine abgeschlossene und fühlbare Verwirklichung der natürlichen Anlagen«, also dessen, was der Natur der Sache entspricht, wird die Ursache ausgedrückt, nämlich die Erreichung des naturgemäßen Gutes. Durch den Ausdruck »abgeschlossen« wird der Deutung widersprochen, es handele sich um ein Anstreben; vielmehr handelt es sich um ein Angestrebt-haben, quasi um den Abschluß der Bewegung: denn Freude [delectatio] besteht nicht im Werden, wie Plato behauptet, sondern im Sein, wie es im siebten Buch der »Ethik« des Aristoteles heißt. Durch den Ausdruck »fühlbar« werden die Verwirklichungen der Dinge ausgeschlossen, bei denen es keine Gefühle gibt. So ist also klar, daß es die leidenschaftliche Seele ist, die Bedürfnisbefriedigung durch Genuß, Lust und

Freude erfährt, da es sich um die Bewegung durch ein seelisches Verlangen handelt, das der sinnlichen Wahrnehmung folgt.

[Summa theologica I-II, 31,1]

In dem Maße, in welchem etwas geliebt wird, ist es befriedigend. Sinneswahrnehmungen befriedigen, wie Aristoteles zu Beginn seiner »Metaphysik« sagt, auf zweierlei Weise, nämlich zum einen durch die Erkenntnis, zu der sie führen, und zum anderen durch den Nutzen, den sie für das Handeln bringen. Auf beiderlei Weise tritt auch eine sinnliche Bedürfnisbefriedigung ein.

Es ist eine Eigentümlichkeit des Menschen, das Erkennen selbst als ein Gut in sich aufzufassen. Darum sind sinnliche Befriedigungen, die vom Erkennen ausgehen, dem Menschen vorbehalten. Die sinnlichen Befriedigungen, die vom Nutzen ausgehen, sind dagegen allen Lebewesen gemeinsam. Bezogen auf sinnliche Befriedigung durch Erkenntnisse ist das Sehen das Sinnesorgan, von dem die größte Befriedigung ausgeht. Bezogen auf die sinnliche Befriedigung durch den Nutzen ist das Tasten die am meisten befriedigende Sinneswahrnehmung.

Der Nutzen des sinnlich Wahrgenommenen wird danach bemessen, welchen Beitrag es für die natürliche Erhaltung des Lebewesens leistet. Am meisten trägt dazu das zu Ertastenden bei. Denn der Tastsinn nimmt wahr, was konstitutionell für das Lebewesen ist wie etwa Wärme und Kälte, Feuchtigkeit und Trockenheit. Die Befriedigung, die vom Tastsinn ausgeht, ist deshalb am stärksten, weil er dem Ziel der Erhaltung des Organismus am nächsten steht. Bei Lebewesen, die keine andere sinnliche Befriedigung kennen als die vom Nutzen her, sind alle Sinne ausschließlich auf die Gegenstände des Tastsinnes hingeordnet. »Hunde finden keine Befriedigung durch den Geruch des Hasen, sondern durch den Fraß; Löwen nicht am Brüllen des Ochsen, sondern am Verzehr desselben,« bemerkt Aristoteles im dritten Buch seiner »Ethik«.

Vergleichen wir den Gesichtssinn mit dem Tastsinn: Die Befriedigung durch den Tastsinn geht auf den Nutzen, die durch den Gesichtssinn auf das Erkennen. Soweit man innerhalb der Grenzen der sinnlichen Befriedigung bleibt, sind die mit dem Tastsinn verbundenen Befriedigungen den mit dem Gesichtssinn verbundenen Befriedigungen ganz klar überlegen. Denn fraglos ist überall das Natürliche auch das Mächtigste. Der Tastsinn erhält seine Mächtigkeit durch seine Hinordnung auf die natürlichen Bedürfnisse wie Nahrung und Sexualität.

Betrachten wir aber den Gesichtssinn mit Hinblick auf den

Dienst, den er dem Verstand leistet, so sind die Befriedigungen, die vom Sehen ausgehen, allen anderen überlegen, weil der Geist größere Befriedigungen bereit hält als der Körper.

[Summa theologica I-II, 31,6]

Zur Frage, inwieweit die Bedürfnisbefriedigung »natürlich« sei, nehme ich wie folgt Stellung: Als »natürlich« wird bezeichnet, was aus der Natur folgt, wie es im zweiten Buch der »Physik« des Aristoteles heißt. Bezogen auf den Menschen kann nun auf zweierlei Weise von Natur gesprochen werden.

Zum einen machen Verstand [intellectus] und Vernunft [ratio] die Natur des Menschen aus, weil durch sie seine Gattung gekennzeichnet ist. Daraus folgt, daß von einer natürlichen Freude an dem gesprochen werden kann, was aus der Vernunft folgt: Die Freude daran, die Wahrheit zu finden, und die Freude an der Tüchtigkeit sind dem Menschen natürlich.

Zum anderen kann von Natur im Menschen bezogen auf gerade das gesprochen werden, was nicht mit der Vernunft in Zusammenhang steht: auf das, was der Mensch mit den übrigen Wesen gemein hat und was nicht durch die Vernunft gesteuert wird. In diesem Sinne ist es natürlich für den Menschen, Essen, Trinken, Schlafen und dergleichen zu genießen, um den Körper des Einzelwesens zu erhalten, und sexuelle Lust zu haben, um die Art zu erhalten.

Es gibt allerdings unter diesen Bedürfnisbefriedigungen auch solche Formen, die unnatürlich oder nur im übertragenen Sinne natürlich zu nennen sind. Es kommt nämlich vor, daß im einzelnen das, was der Art nach natürlich ist, verkehrt wird, so daß etwas, das für die Art unnatürlich ist, für den einzelnen gleichsam zufällig natürlich wird. Auf diese Weise ist es möglich, daß etwas, das gegen die menschliche Natur ist, sei es im Hinblick auf die Vernunft, sei es im Hinblick auf die biologischen Funktionen, als »Natur« eines einzelnen erscheint. [Summa theologica I-II, 31,7]

Was nun ist die eigentliche Ursache der Befriedigung? Für das Gefühl der Befriedigung ist zweierlei nötig. Zum ersten muß das zuträgliche Gut erreicht und zum zweiten muß das Erreichthaben erkannt werden. Beide Voraussetzungen lassen sich nur durch Handeln herstellen. Wirkliches Erkennen ist Handeln, ebenso wie wir in den Besitz des zuträglichen Gutes nur durch Handeln gelangen. Ja, das Handeln selbst ist ein zuträgliches Gut. Insofern folgt die Bedürfnisbefriedigung immer nur voraufgegangenem Handeln. Handeln ist dann befriedigend, wenn es dem Tätigen angemessen und natürlich ist. Die Kraft des Menschen ist nun begrenzt. Darum muß er beim Handeln mit seinen Kräften gleichsam haushalten. Wenn sein Handeln das Maß seiner Kräfte überschreitet, ist es nicht mehr angemessen. Dann ist es nicht befriedigend, sondern eher mühevoll und ekelerregend. Aus diesem Grund ist auch das Nicht-Handeln in der Ruhe der Muße und des Spiels befriedigend, da so der Schmerz gelindert wird, der von der Überanstrengung herrührt. [Summa theologica I-II, 32,1]

Wir empfinden Befriedigung aufgrund von Veränderung, weil unsere Natur veränderlich ist. Das, was uns jetzt zuträglich ist, kann uns zu einem späteren Zeitpunkt abträglich sein. So ist es dem Menschen zuträglich, sich im Winter am Feuer zu wärmen, nicht aber im Sommer.

Auch auf der Seite des Gutes, das befriedigend auf uns wirkt, ist es die Veränderung, die zur Befriedigung beiträgt. Wenn das Gut fortdauernd wirkt, verstärkt sich die Wirkung; beispielsweise wird man um so wärmer und trockener, je länger man sich in der Nähe des Feuers aufhält. Allerdings hat die Fortdauer auch ihr natürliches Maß. Sie kann dieses Maß überschreiten und dann ist es die Beendigung, die befriedigend wirkt.

Auch hinsichtlich der Erkenntnis trägt Veränderung zur Befriedigung bei. Der Mensch ist zwar darauf aus, etwas vollständig zu erkennen, aber er kann einiges nicht auf einmal auffassen. Dann ist es befriedigend, wenn das eine vorübergeht und dem anderen Platz macht, damit sich eine Gestalt bilden kann. Ein Beispiel nennt Augustinus im vierten Buch seiner »Bekenntnisse«: »Man möchte nicht, daß die Silben verweilen, sondern daß sie vorüberziehen, damit ihnen die anderen folgen und man das Ganze hört. So befriedigt das Ganze von etwas, dessen Teile nicht gleichzeitig vorliegen, mehr als diese Teile einzeln betrachtet.«

Veränderung wäre nicht befriedigend, wenn es ein Gut gäbe, dessen Natur unveränderlich wäre, wenn bei diesem Gut kein Übermaß in der Fortdauer möglich wäre und wenn das Befriedigende in ihm vollständig auf einmal erfaßt werden könnte. Je mehr eine Befriedigung sich diesen Bedingungen nähert, um so ununterbrochener kann sie stattfinden.

[Summa theologica I-II, 32,2]

Im siebten Buch seiner »Ethik« berichtet Aristoteles, einige Philosophen würden behaupten, alle Bedürfnisbefriedigung sei von Übel. Der Grund dafür scheint der zu sein, daß sie sich nur den sinnlichen Bedürfnissen des Körpers gewidmet haben, die vordergründiger sind. Die Philosophen der Antike haben auch sonst weder Denken und Fühlen noch Verstand und Sinn getrennt, wie Aristoteles in »Über die Seele« sagt. Sie waren wohl der Meinung, sinnliche Befriedigung komplett verdammen zu müssen, weil die Menschen, die zur maßlosen Genußsucht neigen, zur rechten Tugendmitte nur finden, wenn sie der Lust abschwören.

Diese Ansicht ist nicht überzeugend. Denn niemand kann ohne sinnlichen Genuß und körperliche Lust leben. Wenn die Menschen nun feststellen, daß die Philosophen, die die Schlechtigkeit aller Befriedigungen lehren, sich notgedrungen selbst irgendwelchen Befriedigungen hingeben, werden sie diese aufgrund ihres Verhaltens für unglaubwürdig halten und zügellos werden. Im Bereich des leidenschaftlichen Handelns wirkt das Beispiel mehr als gute Worte. Richtigerweise müßte man also feststellen: Einige Befriedigungen sind gut, andere schlecht.

Befriedigung bedeutet nämlich das Ruhen in einem angestrebten Gut, das Ergebnis von Handeln ist. Dies läßt sich von zwei Seiten aus beurteilen. Zunächst gehe ich auf die Seite des Gutes ein, in welchem jemand befriedigt ruht. Von Gut und Schlecht spricht man im ethischen Bereich nach dem Maß der Übereinstimmung mit der Vernunft. Analog spricht man ja im Bereich der Natur von einer »natürlichen Position«, wenn diese zum Wesen der Sache zählt (z. B. wenn etwas Schweres unten ruht), aber von »unnatürlicher Position«, wenn sie dem Wesen der Sache zuwiderläuft (z. B. wenn etwas Schweres oben ruht). In dieser Weise handelt es sich um eine ethisch gesehen gute Befriedigung, wenn sie mit der Vernunft zur Ruhe kommt, egal ob es sich um ein »höheres« oder »niederes« Bedürfnis handelt. Umgekehrt liegt eine ethisch gesehen schlechte Befriedigung vor, wenn ihr Ruhepunkt von der Vernunft und den göttlichen Gesetzen abweicht.

Die zweite Seite der ethischen Beurteilung geht von der Seite der Handlungen aus. Einige Handlungen sind gut, andere schlecht. Die Handlungen stehen den aus ihnen folgenden Befriedigungen näher als den Bedürfnissen, die ihnen zeitlich vorausgehen. Weil nun die Bedürfnisse nach guten Handlungen gut, nach schlechten dagegen schlecht sind, gilt dies selbstverständlich auch für die Befriedigungen: Wenn sie aus guten Handlungen folgen, sind sie gut, wenn sie aus schlechten folgen, sind sie schlecht.

Die Befriedigung, die der geistigen Tätigkeit entspringt, behindert die Vernunft nicht und zerstört auch nicht die Klugheit. Anders verhält es sich bei Befriedigungen, die der Vernunft fremd sind. Dazu gehören die körperlichen Befriedigungen. Sie folgen Bedürfnissen, die der Vernunft entzogen sind und können den Gebrauch der Vernunft behindern. Die Behinderung der Vernunft bei Tätigkeiten, die den körperlichen Bedürfnissen folgen, etwa Sexualität, drängen zwar die Vernunft in den Hintergrund, auch wenn es vernunftgemäßes Handeln ist. Aber dies ist nicht ethisch schlecht, so wie auch der vernünftig eingesetzte Schlaf nicht ethisch bedenklich ist, obgleich er den Vernunftgebrauch unterbricht: denn die Vernunft selbst bestimmt, daß bisweilen von der Vernunft abzusehen ist. Wir sagen darum, daß die bei der sexuellen Lust stattfindende Verdrängung der Vernunft nicht moralisch schlecht ist, weil sie weder eine Todsünde noch eine läßliche Sünde darstellt, wohl aber auf die Erbsünde zurückzuführen ist. Im Stand der Unschuld war das ja anders.

Maßvolles Handeln bedeutet also nicht, allen Befriedigungen zu entsagen, sondern nur der Zügellosigkeit und dem Gegensatz zur Vernunft. Daß Kinder und Tiere ausschließlich der Bedürfnisbefriedigung nachgehen, beweist übrigens nicht, daß sie als »böse« zu bezeichnen wären. Denn sie haben von Gott natürliche Bedürfnisse, die sie auf das richten, was ihnen zuträglich ist.

[Summa theologica I-II, 34,1]

Das Gegenteil der Befriedigung ist die seelische Trauer oder der körperliche Schmerz. Es besteht aber keine Schwierigkeit darin, anzuerkennen, daß bei Gegensätzen das eine gleichsam zufällig die Ursache des anderen ist. In dieser Weise kann Schmerz Ursache der Befriedigung sein. Zum einen dadurch, daß der Schmerz über die Abwesenheit eines Gutes (oder über die Anwesenheit eines Übels) zu einer heißblütigen Suche nach der Befriedigung antreibt. So sucht, wer starken Durst hat, um so heftiger nach einem Getränk, mit dem er dem Schmerz, an dem er leitet, abhelfen kann. Zum anderen dadurch, daß man sich aus großem Verlangen nach einer bestimmten Befriedigung bereit findet, auf dem Weg zu ihr notwendige Schmerzen zu ertragen.

Übrigens führt auf beide Weisen die Trauer im gegenwärtigen Leben zur Tröstung durch das jenseitige Leben. Dadurch, daß der Mensch über seine Sünden oder über die Verzögerung, in die Herrlichkeit einzugehen, trauert, verdient er den Trost der Ewigkeit. Ebenso verdient man sie sich dadurch, daß man, um sie zu erlangen, nicht davor zurückschreckt, jetzt Mühe und Angst auf sich zu nehmen.

Das Schmerzempfinden selbst kann in gleichsam »zufälliger« Weise befriedigend sein, etwa wenn es mit Bewunderung verbunden ist, wie in einem Theaterspiel. Oder wenn es eine Erinnerung an etwas Geliebtes hervorruft und damit die Liebe demgegenüber erleben läßt, über dessen Abwesenheit man gleichzeitig Trauer empfindet. Deswegen können etwa die in den Tragödien dargestellten Schmerzen für Zuschauer befriedigend wirken, wenn sie sich liebevoll mit den dargestellten Personen identifizieren. [Summa theologica I-II, 35,3]

Wenn wir hierauf nach den Heilmitteln für Schmerz und Trauer fragen, dann scheint es zunächst, als würde nicht ein beliebiger Schmerz und eine beliebige Trauer durch eine beliebige Befriedigung gemildert, sondern nur dann, wenn die Befriedigung das betreffende Gut enthält (dessen Abwesenheit Schmerz oder Trauer auslöst). Denn Aristoteles sagt im zweiten Buch seiner »Ethik«: »Heilmittel entstehen durch Gegensätzlichkeit.« Andererseits sagt der Philosoph im siebten Buch seiner »Ethik«: »Befriedigung vertreibt die Trauer, und zwar sowohl die, welche das ihr entgegengesetzte Gut enthält, als auch jede andere, wenn sie stark genug ist.«

Dazu ist zu sagen, daß zwar nicht jede Befriedigung jeder Trauer in ihrer Art, wohl aber in ihrem Wesen entgegengesetzt ist. Darum kann, je nach Zustand des Trauernden, jede beliebige Trauer durch jede beliebige Bedürfnisbefriedigung gemildert werden. [Summa theologica I-II, 38,1]

Ein konkretes Heilmittel sind Tränen und Seufzer. Aus zwei Gründen: zum einen, weil das, was einem schadet, um so stärker wirkt, je mehr es im Inneren eingeschlossen ist. Durch diesen Einschluß verstärkt sich die Spannung der Seele. Kann das Schädliche jedoch nach außen treten, ist das so, als »verteile« sich die Spannung der Seele und der schmerzliche Druck im Inneren läßt nach. Darum mildert sich die Trauer, wenn die Trauernden ihre Trauer öffentlich machen, sei es durch Weinen oder Seufzen, sei es durch Worte.

Der zweite Grund für die positive Wirkung von Weinen und Seufzen besteht darin, daß es für den Menschen befriedigend ist, das zu tun, was seiner augenblicklichen Verfassung entspricht. Weinen und Seufzen sind nun genau die Handlungen, die dem entsprechen, der trauert. Deshalb ist das für ihn befriedigend.

[Summa theologica I-II, 38,2]

Die Trauer ist ihrem Wesen nach der natürlichen Bewegung des Körpers auf ein Gut hin entgegengesetzt. Wenn daher etwas (wie z.B. Schlafen oder Baden) in den natürlichen Zustand lebendiger Bewegung zurückversetzt, mildert das die Trauer. Weil diese Heilmittel die Natur des Lebendigen wiederherstellen, sind sie überdies befriedigend. Denn das der Natur Entsprechende ist Ursache der Befriedigung. Da nun jede Befriedigung, wie gesagt, die Trauer mildert, wird auch durch körperliche Heilmittel wie Schlafen oder Baden die seelische Trauer gemildert.

[Summa theologica I-II, 38,5]

Es gibt unter allen Leidenschaften eine, nämlich die der Aggression, die sich nicht wie die anderen zwischen einem Gegensatzpaar bewegt, weder dem Gegensatz zwischen Anziehung und Ablehnung noch dem Gegensatz zwischen Gut und Schlecht.

Aggression [ira: Zorn] wird ausgelöst durch ein schwer überwindbares Problem, das bereits die Gegenwart bestimmt. Wenn ein solches Problem gegenwärtig ist, schränkt man entweder seine Bedürfnisse ein (dann geht man nicht über Trauer hinaus, die eine begehrende Leidenschaft ist), oder aber das Bedürfnis richtet sich gegen das schwerwiegende Problem – dann haben wir es mit Aggression zu tun. Die Aggression bewegt nicht zur Flucht, weil das Problem eine unabweisbare Gegenwart oder Vergangenheit hat. Darum kennt das aggressive Handeln wirklich keinen Gegensatz zwischen Anziehung und Ablehnung.

Ähnlich verhält sich die Aggression zum Gegensatz zwischen Gut und Schlecht. Der Gegensatz zu einem gegenwärtig vorhandenen Übel ist ein bereits vorhandenes Gut, das nicht erst mühevoll oder schwierig erreicht werden muß. Nach der Erreichung des Gutes wird nicht mehr gehandelt, sondern es tritt die Beruhigung im erreichten Gut ein. Das stellt dann die begehrende Leidenschaft der Bedürfnisbefriedigung dar.

Die Aggression hat demnach keinen ihr entgegenstehenden seelischen Impuls. Ihr steht vielmehr nur das Aufhören des Handelns entgegen. So sagt der Philosoph in seiner »Rhetorik«: »Sich zu beruhigen, ist der Aggression entgegengesetzt.« Das ist jedoch kein ausschließender Gegensatz, sondern eine Negation oder eine Begrenzung. [Summa theologica I-II, 23,3]

Das bedürfnisgeleitete Handeln folgt der Erkenntnis. Die Erkenntnis kann etwas nach zwei Arten auffassen. Die eine Art der Erkenntnis besteht in der Rückführung von etwas auf nicht zusammengesetzte Kategorien, wie wenn man z. B. erkennt, was der Mensch ist. Die andere Art der Erkenntnis bezieht sich auf die Auffassung von Komplexitäten, wie wenn man erkennt, daß ein bestimmter Mensch weiß ist. Das Bedürfnis richtet sich nach beiden Arten der Erkenntnis auf ein Gut oder auf ein Übel. – Nach Art der nicht zusammengesetzten kategorialen Erkenntnis richtet sich das Bedürfnis, wenn es sich auf ein Gut richtet (oder von einem Übel abwendet), das in sich selbst betrachtet gut (oder schlecht) ist. Handlungen, die darauf basieren, folgen beispielsweise der Sehnsucht und der Hoffnung, der Lust und der Trauer.

Das Bedürfnis folgt dagegen der Erkenntnis von Komplexitäten, wenn es beispielsweise darin besteht, daß es erreichen oder verhindern will, daß einem anderen Menschen etwas Gutes oder etwas Schlechtes widerfahre. Das ist offensichtlich der Fall bei Liebe und Haß. Wir lieben jemanden, indem wir ihm Gutes wollen; und wir hassen jemanden, indem wir ihm Schlechtes wollen.

Die Aggression ist auch eine Leidenschaft, die der Erkenntnis von Komplexitäten entspringt. Die aggressive Handlung ist auf Vergeltung an einer anderen Person interessiert. Die Aggression ist demnach aus zwei Dingen zusammengesetzt: aus der Vergeltung, die der Aggressive als das ihn befriedigende Gut anstrebt und auf deren Gelingen er hofft, und aus der gegnerischen und schädigenden Person, an der es die – von dieser Person aus betrachtet – schlechte Vergeltung zu üben gilt.

Zwei Unterschiede bestehen jedoch zwischen dem aggressiven Verhalten einerseits sowie Liebe und Haß andererseits. Der erste Unterschied besteht darin, daß die Aggression immer zwei Objekte hat [nämlich die Lösung des Problems und die Vergeltung an der Ursache des Problems]. Liebe und Haß dagegen können bisweilen nur auf ein Objekt gehen, z. B. wenn man sagt, jemand »liebe den Wein«. Der zweite Unterschied liegt darin, daß Objekte der Liebe, egal ob es sich jeweils um ein Objekt oder zwei Objekte handelt, immer ein Gut sind. Der Liebende wünscht dem Geliebten ein Gut, das »gut zu ihm paßt«. So sind auch alle Objekte des Hasses schlecht. Der Hassende will nämlich, daß dem Verhaßten ein Übel widerfährt, das ihm unangenehm ist. Für die Aggression dagegen ist das eine Objekt, nämlich die Vergeltung, ein erstrebenswertes Gut, das andere Objekt, nämlich der Widersacher, an dem Vergeltung geübt werden soll, ein Übel. Die Aggression ist demnach eine gleichsam aus dem Gegensatz zwischen Liebe und Haß zusammengesetzte Leidenschaft.

[Summa theologica I-II, 46,3]

Aber folgt die Aggression wirklich der Vernunft?

(1.) Da sie eine Leidenschaft ist, muß sie ein sinnliches Bedürfnis sein. Die sinnlichen Bedürfnisse werden jedoch nicht als Teil der Erkenntnis des Verstandes, sondern als Teil des Körpers angesehen. Demnach scheint es, als könne die Aggression nicht vernunftgeleitet sein.

(2.) Außerdem haben Tiere keinen Verstand. Doch sie können sich aggressiv verhalten. Auch das widerspricht der Annahme einer »vernünftigen« Aggression.

(3.) Beim Menschen begünstigt die Trunkenheit aggressives

Verhalten. Trunkenheit unterbindet die Vernunft. Das ist ein weiteres Argument dagegen, daß Aggression als von der Vernunft bestimmt angesehen werden darf.

Andererseits meint der Philosoph im siebten Buch seiner »Ethik«: »In der Aggression steckt auch Vernunft.«

Auf die Einwände gegen die Annahme einer vernunftgeleiteten Aggression antworte ich wie folgt: Aggression ist, wie gesagt, das Bedürfnis nach Vergeltung. Vergeltung besteht darin, daß ein erlittener Schaden durch eine angemessene Strafe »vergolten« wird. Darum heißt es im siebten Buch der aristotelischen »Ethik«: »Wenn einer den Schluß zieht, daß er jemanden bekämpfen müsse, wird er aggressiv.« Angemessen zu handeln und Schlüsse zu ziehen ist Aufgabe der Vernunft. Mithin muß die Aggression ein gewisses Maß an Vernunft enthalten.

(Zu 1.) Zu dem ersten Einwand gegen die Annahme der vernunftgeleiteten Aggression läßt sich sagen, daß das Handeln auf zwei verschiedene Weisen von der Vernunft geleitet werden kann. Zum einen kann die Vernunft dem Willen eine bestimmte Handlung vorschreiben. Das nennt man den »vernünftigen Willen«. Zum anderen kann die Vernunft etwas aufzeigen. Auf diese zweite Weise ist die Vernunft in der Aggression. Der Philosoph sagt auch, die Vernunft habe ihren Anteil an der Aggression »nicht sofern sie vorschreibt, sondern sofern sie ein Übel offenbart«. Das sinnliche Bedürfnis gehorcht nicht unmittelbar der Vernunft, sondern vermittels des Willens.

(Zu 2.) Bezogen auf Tiere ist zu sagen, daß sie ihrem instinktiven Antrieb folgen, der ihre inneren und äußeren Bewegungen steuert. Dieser Instinkt ist ihnen von der göttlichen Vernunft gegeben, so daß ihre Bewegungen – eben auch ihr aggressives Verhalten – der Vernunft des Menschen durchaus ähnlich sind.

(Zu 3.) Hinsichtlich des Beispiels der aggressiv machenden Trunkenheit verweise ich darauf, daß Aristoteles im siebten Buch seiner »Ethik« sagt, die Aggression habe »Anteil« an der Vernunft, weil die Vernunft erkennt, daß jemandem Unrecht widerfahren ist; aber sie höre »nicht vollkommen« auf die Vernunft, weil sie das Maß der Vernunft leicht überschreitet, wenn es zur Vergeltung kommt. Die Aggression beinhaltet also zugleich die Anwendung und die Behinderung der Vernunft.

So beobachtete der Philosoph auch, daß Menschen, die sehr betrunken sind, nicht mehr aggressiv werden, weil ihnen die Vernunft völlig abgehe. Wer nur etwas betrunken ist, wird leicht aggressiv, weil er zwar noch über ein Urteil der Vernunft verfügt, aber über ein eingeschränktes. [Summa theologica I-II, 46,4]

Es gibt körperliche Einflüsse wie Trunkenheit oder Schlaf auf die Vernunft, obgleich der Geist für seine Tätigkeit kein Organ des Körpers benutzt. Das ist so, weil die Vernunft angewiesen ist auf sinnliche Kräfte, die durch bestimmte körperliche Einflüsse geschwächt werden können. Die Aggression bewirkt, wie man sagt, so starke körperliche Reaktionen in der Herzgegend, daß sie bis in die äußersten Glieder wirken. Darum behindert die Aggression mehr als alle übrigen Leidenschaften die Vernunft. So heißt es im Psalm, Vers 31,10: »Getrübt vom Zorn sind meine Augen.«

So liegt die formale Ursache der Aggression in der Vernunft, weil sie es ist, die das Bedürfnis gleichsam »in Gang setzt«. Doch die Leidenschaft der Aggression überflügelt das vollkommene Urteil der Vernunft: Sie hört nicht richtig auf die Vernunft. Das rührt von der materiellen Ursache der Aggression her, der »Hitzigkeit«, die zu heftigem Handeln antreibt. Insofern behindert die Aggression das Urteil der Vernunft.

[Summa theologica I-II, 48,3]

Lieben besagt, sich ein Gut mit der Kraft des Hungers anzupassen. Niemand, der sich etwas ihm Gemäßes anpaßt, wird dadurch beschädigt. Vielmehr wächst er und wird besser. Wer sich jedoch etwas ihm nicht Gemäßes anpaßt, wird beschädigt und kommt vom Weg ab. Liebe vervollkommnet und verbessert denjenigen, der etwas ihm Gemäßes liebt. Liebe beschädigt und entfremdet den, der etwas ihm nicht Gemäßes liebt. Darum ist es die Liebe zu Gott, die den Menschen am meisten vervollkommnet und verbessert. Die Liebe zur Sünde dagegen beschädigt und entfremdet, nach Hosea 9,10: »Abscheulich sind sie geworden, wie das, was sie genossen haben.«

Was hier von der Liebe gesagt wurde, gilt insoweit sie Form ist, insoweit sie Hunger ist. Insoweit die Materie des Liebesleidens, der physiologische Prozeß, gemeint ist, kann die Liebe allerdings beschädigen, nämlich durch ein Übermaß an Veränderung. Das ist bei der Liebe ebenso wie bei den Sinnen und jeder Fähigkeit der Seele, die sich durch organische Veränderung ausdrückt.

Der Liebe können in der Tat vier ganz unmittelbare Wirkungen zugeordnet werden, das sind Schmelzen und Behagen, Mattheit und Feurigkeit.

Das Schmelzen, das der Verhärtung widerstreitet, ist die erste Wirkung. Der Verhärtete, der sich auf sich selbst beschränkt, kann nichts in sich hineinlassen. Zur Liebe aber gehört, wie gesagt, daß mit Hunger das geliebte Gut aufgenommen und angepaßt wird, damit das Geliebte im Geliebten ist. Darum ist das harte oder verhärmte Herz eine Verfassung, die dem Lieben entgegensteht. Mit Schmelzen dagegen wird die Erweichung des Herzens beschrieben, die das Herz bereit macht, um das Geliebte in sich hineinzulassen.

Ist das Geliebte im gegenwärtigen Besitz, löst das Befriedigung oder Behagen aus. Ist es dagegen abwesend, folgen zwei Leiden: Trauer über das Abwesen, die sich in Mattheit zeigt (darum hat Cicero in seinen »Gesprächen in Tusculum« die große Traurigkeit als Siechtum beschrieben) und intensives Verlangen, das Geliebte zu erreichen, das sich im Feuereifer zeigt.

Das also sind die Wirkungen der Liebe formal gesehen im Bezug auf die Kraft des Hungers, nach einem Objekt zu verlangen. Beim Lieben nun stellen sich weitere, diesen entsprechende Wirkungen aufgrund der physiologischen Prozesse ein.

[Summma theologica I-II, 28,5]

Jede Handlung geht auf ein Ziel. Dieses Ziel besteht unumgänglich in etwas, das ein ersehntes und geliebtes Gut ist. Es ist von daher offensichtlich, daß jede Handlung, welche es auch sein mag, immer und ausschließlich irgendwie auf eine Liebe zurückgeführt werden kann. [Summa theologica I-II, 28,6|

Die Liebe besteht darin, daß Liebender und Geliebter übereinstimmen. Haß hingegen beseht in Nichtübereinstimmung und Abwendung. Es ist immer das grundlegend, was zuträglich ist, während das, was widerstreitet, später hinzutritt: Denn es regt etwas zur Abwendung an, weil es sich als schädlich und hinderlich für das erweist, was zuträglich ist. Die Liebe ist darum grundlegender als der Haß. Es kann nichts gehaßt werden, außer es steht etwas Zuträglichem entgegen, das geliebt wird. So besehen kann man sagen, daß der Haß von der Liebe verursacht werde. [Summa theologica I-II, 29,2]

WAS SICH BEWEGT, BEWEGT SICH AUF EIN ZIEL

Zuerst lege ich dar, inwiefern alles, was sich bewegt, durch die Veränderung irgendein Ziel anstrebt.

In den Fällen, in denen das Ziel offensichtlich ist, sagen wir, daß es das Ziel sei, um dessentwillen die Veränderung geschieht. Wenn das Ziel erreicht wird, sprechen wir vom Gelingen, wenn es verfehlt wird, vom Mißlingen. Beispiele dafür sind der Arzt, der sich um die Gesundheit kümmert, oder ein beliebiger Mensch, der sich bewegt, um an einen bestimmten Ort zu gelangen.

Es macht keinen Unterschied, ob das, was sich auf ein Ziel zubewegt, die Fähigkeit zur Erkenntnis besitzt oder nicht. Die Zielscheibe ist das Ziel des Bogenschützen. Aber sie ist auch das Ziel, auf das hin sich der Pfeil bewegt.

Alles, was sich verändert, bewegt sich wohlgemerkt auf ein bestimmtes Ziel zu. Nicht jede bewegende Kraft kann beliebige Ziele erreichen. Das Warme kann nur erwärmen, das Kalte bloß abkühlen. Die Veränderungen unterscheiden sich in ihrer Art nach der Verschiedenheit dessen, von dem die Bewegung ausgeht.

In einigen Fällen resultiert aus einer Bewegung eine Sache wie aus dem Bauen ein Haus entsteht oder aus dem Heilen die Gesundheit folgt. In anderen Fällen jedoch gibt es kein derartiges stoffliches Resultat wie beim Denken und Fühlen. Besteht das Ergebnis der Bewegung in einer Sache, so steckt der Grund für die Veränderung im Streben nach dieser Sache. Ergibt sich aus der Bewegung keine Sache, so ist die Veränderung selbst das Ziel. Alle, was sich bewegt, verändert sich also um eines Zieles willen – ob nun das Ziel in der Veränderung selbst oder im Resultat der Veränderung gefunden wird.

Wir sagen zudem, daß über das oberste Ziel einer Veränderung hinaus nicht gehandelt wird. So ist das Ziel des Arztes die Gesundheit. Ist diese erreicht, braucht er nichts weiter zu tun. Bei jeder beliebigen Veränderung von etwas läßt sich ein solches oberstes Ziel angeben, über das hinaus keine Bewegung mehr stattfindet. Andernfalls könnte die Bewegung ins Unendliche streben. Das ist aber undenkbar. Denn »es ist nicht möglich, die Unendlichkeit zu durchmessen« [Aristoteles]. Nichts strebt auf das zu, was prinzipiell nicht erreicht werden kann. Die Bewegung würde also gar keinen Anfang nehmen, wenn sie sich auf eine nicht zu erreichende Unendlichkeit richten müßte. Jede Bewegung muß also ein definiertes Ziel haben.

Untersuchen wir die Annahme einer ins Unendliche gerichteten Bewegung weiter: Aus einer solchen unendlichen Bewegung müßte sich entweder eine Sache ergeben oder nicht.

Einerseits: Wenn sich eine Sache ergeben würde, würde ihr Sein aus unendlich vielen Bewegung resultieren. Eine Sache aber, die eine unendliche Bewegung erfordert, kann es nicht geben, weil, wie gesagt, »es nicht möglich ist, die Unendlichkeit zu durchmessen«. Etwas, das es nicht geben kann, kann sich auch nicht ergeben; und was sich nicht ergeben kann, ist auch nicht machbar. Demnach ist es nicht zu denken, daß eine Bewegung beginnt, um eine Sache zu machen, die eine unendliche Bewegung voraussetzt.

Andererseits – wenn sich aus den unendlichen Bewegungen keine Sache ergeben sollte, müssen wir folgendes in Betracht ziehen: Wir können die Bewegungen unter zwei Gesichtspunkten analysieren. Entweder folgen wir der Struktur der in ihnen wirkenden Kräfte. (Beispielsweise nimmt ein Mensch etwas wahr, um eine Vorstellung von etwas zu bekommen. Er braucht diese Vorstellung, um zu einer Erkenntnis zu gelangen. Er strebt nach dieser Erkenntnis, um eine sinnvolle Entscheidung zu treffen.) Oder wir folgen der Struktur der Objekte, auf die die Bewegungen sich richten. (Ich betrachte zum Beispiel einen Körper, um etwas über die Seele zu erfahren. Ich will etwas über die Seele erfahren, um zum Wissen über Substanzen ohne Materie – Engel – zu gelangen. Das Wissen über die stofflosen Substanzen benötige ich, um Gott erkennen zu können.)

Auch auf diese Weise ist es jedoch unmöglich, in die Unendlichkeit fortzuschreiten: Unter dem Gesichtspunkt der Kräfte ist es nicht möglich aus dem gleichen Grund, warum es keine Unendlichkeit der Gestalt gibt, wie Aristoteles im zweiten Buch seiner »Metaphysik« bewiesen hat. Denn die Gestalt ist das Begrenzungsprinzip der Bewegung. Unter dem Gesichtspunkt der Objekte ist es nicht möglich, weil es Gott als erstes Seiendes gibt. Wenn es demnach nicht möglich ist, daß mit der Veränderung in die Unendlichkeit fortgeschritten wird, so muß es immer etwas geben, worin die Bewegung zur Ruhe kommt. Das ist das Ziel jeder Veränderung.

Außerdem verhält es sich ja so, daß in der Bewegung auf ein Ziel hin alles, was zwischen dem Beginn der Veränderung und der Erreichung des Zieles stattfindet, gegenüber dem jeweils Voraufgehenden das Ziel und dem jeweils Folgenden die Ursache ist. Wenn die Bewegungen nun nicht auf etwas Bestimmtes zielen, sondern in der besagten Weise ins Unendliche fortgeführt werden sollten, müßte auch die Kette von Ursache und Wirkung ins

Unendliche ausgedehnt werden können. Das ist aber nicht der Fall. Demnach müssen alle Bewegungen auf etwas Bestimmtes gerichtet sein.

Weiterhin ist zu bedenken, daß jede Veränderung entweder in der Natur oder im Verstand des sich Bewegenden wurzelt. Bei dem, was sich durch seinen Verstand bewegt, gibt es keinen Zweifel, daß es sich auf ein Ziel zu bewegt. Denn es nimmt in seinem Verstand vorweg, was das Ergebnis der Bewegung sein könnte. Diese Vorwegnahme ist die Grundlage der wirklichen Bewegung. In der Vorwegnahme erfüllt sich der Begriff einer durch den Verstand geleiteten Bewegung. Im Falle einer gelungenen Erkenntnis des mit Verstand sich Bewegenden ist die bewirkte Veränderung vollkommen identisch mit der Vorwegnahme. Genauso ist die naturgegebene Bewegung in der inneren Natur des Bewegten vorweggenommen. Es besteht eine natürliche Identität zwischen der Bewegung und der zu erzielenden Wirkung. Das Feuer zündet Feuer an und der Ölbaum pflanzt sich als Ölbaum fort. Die Natur richtet die Bewegung also genauso auf ein Ziel wie der Verstand. Demnach zielt jede Bewegung auf etwas.

Von einer anderen Seite betrachtet: Ein Fehler [peccatum = »Sünde«] kann nur dann auftreten, wenn ein Ziel existiert, das verfehlbar ist. Man kann nicht von einem Fehler sprechen, wenn etwas »verfehlt« wird, was gar nicht angestrebt wurde. Wenn beispielsweise das Ziel des Heilens etwa verfehlt wird, rechnet man dies dem Arzt als Fehler an, nicht einem Baumeister oder Grammatiker. Fehler aber identifizieren wir sowohl in dem, was von uns geschaffen wurde (wie etwa wenn ein Grammatiker fehlerhaft spricht), als auch in der Natur (wie es zum Beispiel an Erbkrankheiten deutlich wird). Demnach ist sowohl das, was sich auf natürliche Weise verändert, als auch das, was durch Kunstfertigkeit mit Vorsatz geschaffen wird, auf ein Ziel gerichtet.

Eine weitere Überlegung: Würde der Beweger nicht eine bestimmte Veränderung anstreben, dann wäre es ihm gleichgültig, wie sich die Bewegung auswirkt. Wenn nun etwas den vorhandenen Alternativen gegenüber gleichgültig ist, wird auch keine Entscheidung für eine Richtung getroffen. Darum verhält es sich auch so, daß sich keine Wirkung ergibt, wenn etwas nach zwei Richtungen hin unbestimmt ist (es sei denn, es wird von außen auf eine Richtung festgelegt). Etwas, das allen Wirkungen gegenüber gleichgültig ist, würde mit gar keiner Bewegung beginnen. Daraus können wir schließen, daß alles, was sich bewegt, eine bestimmte Wirkung anstrebt, die man »Ziel« nennt.

Einige Tätigkeiten sind allerdings anscheinend nicht auf ein

Ziel gerichtet wie das Spielen oder das Meditieren. Andere Tätigkeiten geschehen scheinbar beiläufig wie das Kratzen des Bartes und dergleichen. Demnach könnte man meinen, es gäbe Bewegungen, die nicht zu einem Ziel führen sollen.

Man sollte jedoch bedenken, daß zwar nicht um einer äußeren Wirkung willen meditiert wird, aber das Meditieren selbst das Ziel ist. Und man spielt entweder um des Spielens willen, so daß das Unterhaltsame am Spiel das Ziel darstellt, oder man spielt um eines anderen Zieles willen, etwa um sich zu entspannen, damit man dann zum Beispiel besser studieren kann. Beiläufige Tätigkeiten schließlich werden nicht vom Verstand gesteuert. Sie haben ihre Ursache in einem spontanen Impuls oder in einer organischen Gegebenheit. So ist es die ungesunde Haut, deren Juckreiz unwillkürlich das Kratzen am Bart hervorruft, ohne daß die Aufmerksamkeit des Verstandes darauf gerichtet wird. Ein Ziel haben auch diese Tätigkeiten, wenn es auch nicht vom Verstand gesetzt worden ist.

Durch alle diese Überlegungen wird ein Irrtum der Vorsokratiker widerlegt. Sie meinten, alles ergäbe sich aus den Notwendigkeiten der Materie. Daß das jeweilige Ziel die Ursache für das Geschehen ist, erkannten sie nicht.

[Summa contra gentiles III, 2]

VERÄNDERUNG ZIELT AUF DAS GUTE

Nun ist darzulegen, warum sich alles, was sich verändert, auf das Gute zu bewegt.

Daß alle Bewegung ein Ziel hat, macht sich daran fest, daß sie bestimmt werden kann. Ihre Bestimmung erhält die Bewegung durch das, was dem Bewegenden angemessen ist. Es fände nämlich sonst keine Bewegung statt. Das, was dem Sich-Bewegenden angemessen ist, stellt jedoch dessen Gut dar. Darum zielt jede Bewegung auf ein Gut.

Wenn außerdem das Ziel erreicht ist, erlahmt das Bedürfnis des Tätigen. Das, was dieser bewegt, kommt zur Ruhe. Der Begriff des Guten besagt, daß in ihm das Streben endet. Denn »das Gute« ist »das, wonach alles hungert« [Aristoteles]. Darum zielt alles, was sich betätigt und bewegt, auf das Gute.

Jede Tätigkeit und Bewegung hat zudem eine Beziehung zum »Sein«. Etwas, das besteht, soll für die Art bzw. das Individuum entweder erhalten oder neu geschaffen werden. Genau dieses jeweils Bestehende ist das Gut. Darum strebt alles nach Fortbestand – und jede Betätigung oder Bewegung findet um des Guten willen statt.

Weiter ist zu bedenken, daß jede Betätigung und Bewegung eine Verbesserung beinhaltet. Wenn die Betätigung in sich selbst das Ziel hat, liegt es auf der Hand, worin die Verbesserung für den Tätigen liegt. Und wenn das Ziel in einer äußeren materiellen Veränderung besteht, so beabsichtigt der Urheber der Bewegung offensichtlich, das, was er bewegt, zu verbessern. Das gilt auch für die natürlichen Bewegungen. Wir nennen das gut, was verbessert worden ist. Darum ist es das Gute, auf das jede Betätigung und Bewegung zielt.

Jedes Sich-Bewegende bewegt sich zudem als Gegenwärtiges. Durch die Bewegung strebt es zur Selbst-Verwirklichung. In diesem Sinne strebt es nach Gegenwart. Jede Gegenwart ihrerseits hat ihren Sinn als Gutes: Denn das Schlechte ist nichts als eine Möglichkeit, die keine Gegenwart erlangt. Insofern findet jede Bewegung um des Guten willen statt.

Ein weiteres Argument: Das verstandesmäßige Handeln setzt sich selbst das Ziel. Die natürliche Bewegung bewegt sich zwar, wie gesagt, auch auf ein Ziel, legt dies jedoch nicht selbst fest, weil sie nicht fähig ist, überhaupt Ziele zu erkennen. Sie wird durch eine äußere Einwirkung auf das Ziel festgelegt. Der Verstand nun setzt etwas nur dann als Ziel, wenn er es als Gut auffaßt. Denn denkend bewegt man sich auf nichts anderes als auf ein Gut, das das Objekt des Willens ist. Die natürliche Bewegung hat darum ebenso ein Ziel nur insofern, als es das Gute ist; denn ihr Ziel wird von einem über ihr stehenden Willen bestimmt. Bewegung findet also generell um des Guten willen statt.

Eine zusätzliche Überlegung lautet: Es läuft auf das Gleiche hinaus, sich von dem Schlechten abzuwenden oder das Gute anzustreben, so wie die Bewegung nach unten und die Bewegung nach oben im Grunde genommen dasselbe sind. Man beobachtet nun, daß alles sich vom Schlechten abwendet. Die vom Verstand geleitete Handlung wendet sich vom Schlechten ab, weil sie es als solches erkennt. Die natürliche Bewegung widerstrebt nach Maßgabe ihrer Kraft der Zerstörung, die für alle Dinge das Schlechte darstellt. Daraus läßt sich indirekt ableiten, daß alle Bewegungen auf das Gute zielen.

Man sagt allerdings, daß etwas aus Zufall oder Glück geschehe, wenn es nicht aus der Absicht eines Handelnden hervorgehe. In den natürlichen Vorgängen zeigt sich jedoch immer – oder wenigstens häufig –, daß das geschieht, was das Beste ist. Wir sehen zum Beispiel bei den Pflanzen die Blätter so angeordnet, daß sie die Früchte schützen; oder die Gliedmaßen der Tiere so wachsen, daß sie sich retten können. Weil das ohne Absicht geschieht, müßte es sich hierbei um Zufall oder Glück handeln. Das ist aber nicht so; denn etwas geschieht weder zufällig noch unvorhergesehen, was immer (oder häufig) eintritt, sondern nur das, was sehr selten der Fall ist. Die Bewegungen der Natur streben also nach dem, was das Beste ist; und zwar dies noch viel verläßlicher als die dem Verstand folgenden Handlungen. Ergo strebt das, was sich bewegt, durch die Bewegung zum Guten.

Schließlich wird alles, was bewegt wird, von dem Bewegenden oder Handelnden auf ein Ende der Bewegung hingeführt. Der, der bewegt, und das, was bewegt wird, streben demnach auf ein und dasselbe hin. Was sich in Bewegung befindet, strebt, weil es möglich ist, zur Wirklichkeit und damit zur Verbesserung. Durch die Bewegung verwirklicht sich nämlich eine Möglichkeit. Das, was bewegt und handelt, strebt demnach durch die Bewegung und das Handeln immer nach dem Guten.

Das ist es, was die Philosophen als das Gute definiert haben: »Das Gute ist das, wonach alles strebt« [Aristoteles]. Und Dionysius sagt im vierten Kapitel »Über die göttlichen Namen«: »Alles trachtet nach dem Guten und Besten.«

[Summa contra gentiles III, 3]

SCHLECHTES IST OHNE ABSICHT

Aus dem Gedanken, alles, was sich betätige, ziele auf das Gute, folgt, daß etwas Schlechtes nicht mit Absicht des Tätigen passieren kann.

Die Wirkungen einer Bewegung, die von dem abweichen, was der Handelnde beabsichtigt hat, stellen sich klarerweise ohne dessen Absicht ein. Das Schlechte nun weicht von dem Guten ab, worauf alle Bewegung geht. Schlechtes muß also unbeabsichtigt eintreten.

Das wird ebenso aus folgendem heraus klar: Eine zu bemängelnde Wirkung einer Betätigung folgt aus einem Mangel im Ursprung der Tätigkeit. So wächst beispielsweise aus schlechtem Samen ein mißgebildetes Wesen. Mit einem krummen Bein hinkt man beim Gehen. Die Bewegung jedoch bewegt etwas, insofern in ihr Kraft gegenwärtig ist, nicht, insofern es ihr an Kraft mangelt. Insofern die Kraft ausreicht, etwas zu bewegen, bewegt sie auf ein Ziel hin. Das Ziel entspricht also der Kraft. Die Wirkungen, die aufgrund des Mangels an Kraft eintreten, liegen wohl außerhalb der Absicht des Tätigen. Genau diese Wirkungen sind jedoch das Schlechte. Das Schlechte geschieht also ohne Absicht.

Das Bewegte bewegt sich zudem auf das gleiche zu wie die Bewegung dessen, der bewegt. Das Bewegte nun strebt automatisch nach dem Guten, nach dem Schlechten nur zufällig und unbeabsichtigt.

Dies zeigt sich besonders am Beispiel des Entstehens und Vergehens: Die Materie, die eine Gestalt hat, birgt in sich die Möglichkeit anderer Gestalten und der Entfremdung von ihrer gegenwärtigen Gestalt. So steckt in der Materie, die die Gestalt der Luft hat, die Möglichkeit des Feuers, die sie von der Gestalt der Luft entfremdet. Der Prozeß der Veränderung beinhaltet beides: Die Materie nimmt die Gestalt des Feuers an, weil Feuer entsteht, und entfremdet sich von der Gestalt der Luft, weil die Luft vergeht.

Die »Absicht« und das »Bedürfnis« der Materie ist aber nicht die Entfremdung, sondern die Gestalt. Denn die Materie strebt nicht nach dem Unmöglichen. Es ist aber unmöglich, daß Materie nur aus Entfremdung besteht; dagegen ist es möglich, daß sie ganz in der Gestalt aufgeht. Das, was die Entfremdung ausmacht, liegt also außerhalb der Absicht.

Allerdings ist Entfremdung Teil des Prozesses, weil die Materie eine Gestalt annimmt, was notwendig die Entfremdung von einer anderen Gestalt mit sich bringt. Im Prozeß des Entstehens und Vergehens ist die Materie auf die Gestalt hingeordnet, die Entfremdung tritt in der Tat unbeabsichtigt ein.

Genau so verhält es sich bei jeder Bewegung. In jeder Bewegung nämlich findet in bestimmter Hinsicht ein Entstehen und Vergehen statt. So verwandelt sich etwas von weiß in schwarz, wenn das Weiße vergeht und das Schwarze entsteht.

Gut ist nun, wenn Materie ihre beste Gestalt erhält und wenn die Möglichkeit eine ihr entsprechende Wirklichkeit findet. Schlecht ist es, wenn eine Entfremdung von der angemessenen Wirklichkeit vorliegt.

Alles, was bewegt wird, bewegt sich durch seine Bewegung auf das Gute. Das Schlechte stellt sich dagegen unbeabsichtigt ein. Da das Gute das Ziel jeder Tätigkeit und Bewegung ist, hat das Schlechte keine Absicht hinter sich.

Wenden wir uns jetzt den Bewegungen zu, deren beabsichtigtes Ziel durch Denken oder jedenfalls irgendeine Art der »Einschätzung« bestimmt wird. Die Absicht folgt hier dem, was als Ziel erfaßt wird. Hat die Bewegung eine Wirkung, die nicht der erfaßten Zielsetzung entspricht, ist sie wohl unbeabsichtigt. Wenn jemand beabsichtigt, Honig zu essen, aber Galle zu sich nimmt, weil er glaubt, es sei Honig, kann das nur unbeabsichtigt sein.

Alles, was aufgrund des Verstandes handelt, strebt, wie aus dem oben Gesagten hervorgeht, nach etwas, weil es als Gutes erkannt worden ist. Sollte es sich nun nicht als das Gute, sondern als etwas Schlechtes herausstellen, so ist das natürlich nicht beabsichtigt.

Wir haben nun gesehen, daß sowohl die Bewegungen, die vom Verstand bestimmt werden, als auch diejenigen, die der Natur folgen, gleichermaßen nach dem Guten streben. Darum muß es so sein, daß das Schlechte nur unbeabsichtigt aus der Bewegung hervorgeht.

Darum sagt Dionysius im vierten Kapitel »Über die göttlichen Namen«: »Das Schlechte ist unbeabsichtigt und ungewollt.«

Es gibt eine Reihe von Argumenten, die der von mir aufgestellten These zu widersprechen scheinen.

[1.] Von dem, was ohne Absicht des Tätigen geschieht, sagt man, es ereigne sich unvorhergesehen und zufällig und ereigne sich nur selten. Vom Schlechten kann man das jedoch nicht sagen. Denn in der Natur ist mit dem Entstehen stets auch ein Vergehen verbunden. Ebenso kommen bei willentlichen Betätigungen in vielen Fällen Verfehlungen vor, denn »in Übereinstimmung mit der Tugend zu handeln, ist ebenso schwierig, wie den Mittelpunkt eines Kreises zu treffen«, wie Aristoteles im zweiten Buch seiner »Ethik« sagt. Demnach scheint es, als würde das Schlechte eben doch nicht ohne Absicht eintreten.

[2.] Im dritten Buch seiner »Ethik« stellt Aristoteles außerdem ausdrücklich fest: »Die sittliche Schlechtigkeit ist etwas Willentliches.« Sein Argument lautet, man tue freiwillig Unrecht – »es wäre aber widersinnig davon zu sprechen, jemand, der freiwillig ungerecht ist, wolle gar nicht ungerecht sein, oder jemand, der freiwillig unzüchtig ist, wolle nicht unzüchtig sein«. Zudem weist er darauf hin, die Richter bestraften ja die Schlechten, die freiwillig Schlechtes anstellen. Das Schlechte scheint also nicht ungewollt oder unbeabsichtigt zu sein.

[3.] Schließlich hat jede natürliche Bewegung ein von der Natur beabsichtigtes Ziel. Das Vergehen ist allerdings ein genauso natürlicher Prozeß wie das Entstehen. Es müßte folglich das Ziel des Vergehens, das als Entfremdung etwas im Grund Schlechtes ist, genauso von der Natur beabsichtigt sein wie die gute Gestalt, die das Ziel des Entstehens darstellt.

Diese drei Einwände gegen die These von der unbeabsichtigten Schlechtigkeit sollen eine sehr genaue Erwiderung erhalten.

Als erstes muß man unterscheiden zwischen dem Schlechten, das in der Substanz zu beobachten ist, und dem Schlechten in der Tätigkeit. – Zum Schlechten in der Substanz: Schlechtes an einer Substanz besteht, wenn ihr etwas von dem fehlt, was zu ihrem Wesen gehört und was sie eigentlichen haben müßte. Hat ein Mensch keine Flügel, so ist das für ihn nicht schlecht, denn es ist nicht in seinem Erbgut angelegt, daß ihm Flügel wachsen. Ebenso ist es nichts Schlechtes für ihn, wenn er keine blonden Haare hat. Zwar ist es im Prinzip möglich, daß er blonde Haare hätte, aber es ist nicht nötig. Es ist dagegen etwas Schlechtes, wenn er beispielsweise keine Hände hat. Der Mensch hat Hände von Natur aus und benötigt sie, um gleichsam vollständig zu sein. Für einen Vogel ist es demgegenüber nichts Schlechtes, keine Hände zu haben. »Entfremdung« liegt dem strengen Wortsinne nach nur vor, wenn etwas fehlt, das natürlicherweise da sein müßte und das benötigt wird. So verstanden steckt in jeder Entfremdung etwas Schlechtes.

In der Materie liegt die Möglichkeit, alle Gestalten anzunehmen. Damit ist sie von Natur aus so angelegt, eine beliebige Gestalt zu haben. Allerdings ist keine der möglichen Gestalten für sie erforderlich. Auch ohne bestimmte Gestalt ist sie eine vollkommene Wirklichkeit. Für die Dinge, die aus Materie bestehen, sind jedoch die entsprechenden Gestalten nötig: Wasser kann nur sein, was die Gestalt von Wasser hat, und Feuer kann nur sein, was die Gestalt des Feuers hat. Die Entfremdung von einer derartigen Gestalt ist bezüglich der Materie nichts Schlechtes, vielmehr ist es das bezüglich der der in Frage stehenden Gestalt. Wird vom Feuer die Gestalt des Feuers entfremdet, so ist das das Schlechte des Feuers. Man kann einer Entfremdung ebenso wie dem Gewohnten oder der Gestalt nur ein Sein zusprechen, wenn ein Gegenstand vorhanden ist. Darum ist eine Entfremdung nur einfach schlecht bezogen auf das Schlechte des betroffenen Gegenstandes. Wenn die Aussage, etwas sei eine »Entfremdung«, sich nicht auf das Schlechte des betroffenen Gegenstandes bezieht, ist die Entfremdung nicht einfach schlecht, sondern bloß bezogen auf etwas anderes. Der Verlust einer Hand ist für den Menschen einfach schlecht. Der Verlust der Gestalt der Luft ist für die Materie dagegen nicht einfach schlecht, sondern nur »schlecht« für die Luft.

Nun zur Tätigkeit: Sie ist schlecht, wenn sie sich von ihrer jeweiligen Ordnung oder von der Angemessenheit entfremdet. Für alle Tätigkeiten gibt es eine angemessene Ordnung. Darum ist eine Tätigkeit, die sich von dieser angemessenen Ordnung entfremdet, einfach schlecht.

[Zu 1.] Nach diesen Erwägungen kann man verstehen, warum nicht alles, was unbeabsichtigt ist, unvorhergesehen oder zufällig sein muß, wie im ersten Einwand gegen die These von der unbeabsichtigten Schlechtigkeit vorausgesetzt wurde. Wenn nämlich das Unbeabsichtigte entweder immer oder häufig aus dem folgt, was beabsichtigt ist, so geschieht es nicht unvorhersehbar oder zufällig. So ist es für den, der den Reiz des Weins genießen will, weder unvorhersehbar noch zufällig, wenn darauf die Trunkenheit folgt. Das wäre nur zufällig, wenn eine Trunkenheit selten folgen würde.

Das natürliche Vergehen folgt als Schlechtes immer, auch wenn es außerhalb der Absicht dessen liegt, der etwas entstehen läßt. Unausweichlich ist mit der Entstehung einer Gestalt die Entfremdung der benutzten Materie von der voraufgehenden Gestalt verbunden. Daher ist das Vergehen weder selten noch ein Ausnahmefall. Die Entfremdung ist allerdings bisweilen nicht »einfach« schlecht, sondern – wie oben gesagt – bloß »schlecht« bezogen auf den Standpunkt der voraufgehenden Gestalt. Wenn die Entfremdung jedoch dasjenige vergehen läßt, was für die Weiterexistenz des Entstandenen erforderlich wäre, so handelt es sich um etwas, das sowohl »zufällig« als auch »einfach« schlecht ist. Dies ist zum Beispiel bei einer Mißbildung der Fall. Denn sie folgt nicht notwendig auf das, was beabsichtigt war, widerstreitet ihm vielmehr. Eine solche Folge ist zufällig, weil das Bewegende will, daß das Entstehende vollkommen werde.

Bei der natürlichen Bewegung kommt das Schlechte zustande, wenn in ihr ein Mangel an Kraft vorliegt. Wenn die Bewegung prinzipiell oder häufig von einem solchen Mangel gekennzeichnet ist, folgt das Schlechte zwar unbeabsichtigt, jedoch nicht zufällig. Begleitet der Mangel die Bewegung selten, handelt es sich um etwas zufällig Schlechtes.

[Zu 2.] Eine Bewegung, die durch die Absicht eines Willens ausgelöst wird, muß auf ein besonders Gut gerichtet sein (denn nicht das Allgemeine bewegt, sondern das Besondere, das Gegenwärtigkeit besitzt). Verbindet sich nun das erstrebte Gut stets oder in der Regel mit der Entfremdung von etwas, das prinzipiell gut ist, folgt das moralisch Schlechte nicht zufällig, sondern immer oder häufig. Ein Beispiel ist ein Mann, der um seines Vergnügens willen fremdgeht: Mit diesem Gut des Vergnügens ist die Unordnung des Ehebruchs verbunden. Das Schlechte des Ehebruchs ist nicht eine zufällige Folge des Handelns. Zufällig schlecht ist es dagegen, wenn auf das, was man erstrebt, nur ausnahmsweise eine Sünde folgt, wie wenn zum Beispiel jemand, der auf einen Vogel schießen will, dabei aus Versehen einen Menschen tötet.

Daß die Menschen bei vielen Gütern, die sie anstreben, oftmals etwas anderes prinzipiell Gutes zerstören, liegt an folgendem Umstand: Man richtet sich nach der Sinnlichkeit, weil die wahrnehmbaren Dinge uns Menschen naheliegen und ausgesprochen wirksam auf das Besondere hin lenken, das eine Handlung auslöst. Die meisten derartigen Güter ziehen aber die Entfremdung von etwas nach sich, das seinem Wesen nach gut ist.

Die Überlegungen zeigen, wie das Schlechte unbeabsichtigt, aber dennoch willentlich sein kann, allerdings nicht vom Ziel her, sondern vom Ergebnis her betrachtet. Das entkräftet den zweiten Einwand gegen die These von der unbeabsichtigten Schlechtigkeit. Die Absicht richtet sich auf das Ziel, um dessent willen jemand handelt. Der Wille dagegen schließt auch die Nebenfolgen ein, die man eigentlich nicht beabsichtigt hat. Beispielsweise zielt ein zur See fahrender Kaufmann, [dessen Schiff beschädigt ist und] der, um sich zu retten, seine Waren ins Meer wirft, nicht auf das Wegwerfen, sondern auf seine Rettung. Das Wegwerfen ist nicht Ziel, aber Begleiterscheinung bei der Rettungsaktion. In dieser Weise erstrebt jemand, der um der Befriedigung willen gegen die Ordnung verstößt, nicht die Unordnung, sondern das Gut der Befriedigung. Im Sinne wie das Wegwerfen der Waren ins Meer können Schlechtigkeit und Sündhaftigkeit »willentlich« genannt werden.

[Zu 3.] Die gleichen Überlegungen widerlegen den dritten Einwand gegen die These von der unbeabsichtigten Schlechtigkeit. Nirgends vergeht etwas, ohne daß etwas anderes entsteht. Folglich kann es kein Ziel des Vergehens ohne das Ziel des Entstehens geben. Vielmehr ist beides zugleich. So gibt es kein oberstes Ziel der Natur, daß irgendwo kein Wasser, sondern Luft ist; aber wo Luft ist, kann kein Wasser sein. Wo Luft ist, »erstrebt« die Natur die Anwesenheit von Luft, nicht die Abwesenheit von Wasser. Die Abwesenheit von Wasser ist nur Nebenfolge der Anwesenheit von Luft. Entfremdungen sind von der Natur also nicht an sich beabsichtigt, sondern beiläufige Folgen: Es sind dagegen die Gestalten des Seins, die an sich beabsichtigt werden.

Das bisher Gesagte macht klar: Das einfach Schlechte liegt völlig außerhalb der Absicht natürlicher Prozesse (wie z.B. Mißbildungen). Etwas, das nicht einfach, sondern bloß bezogen auf etwas Bestimmtes schlecht ist, wird von der Natur nicht an sich beabsichtigt, sondern nur als beiläufige Folge.

[Summa contra gentiles III, 4-6]

Hieraus kann abgeleitet werden, daß kein Wesen an sich schlecht ist. Schlecht ist es, wie gesagt, wenn etwas von dem entfremdet ist, was ihm natürlicherweise zukommt und was es braucht. Das ist der gemeinsame Nenner im Gebrauch des Wortes »schlecht«. Entfremdung aber ist kein Wesen, sondern »Beraubung von Substanz« [Aristoteles]. So besehen hat das Schlechte kein Wesen in den Dingen.

Der Bestand jeder Sache entspricht deren Wesen. Soweit etwas »besteht«, ist es etwas Gutes. Weil es das Gute ist, wonach alles strebt, muß man das Bestehen »gut« nennen. Denn alles strebt nach Fortbestand. Demnach ist alles gut, soweit es Bestand hat. Gut und schlecht werden jedoch als einander entgegengesetzt betrachtet. Insofern kann man nicht als »schlecht« bezeichnen, was ein Wesen hat. Kein Wesen ist demnach schlecht.

Ein weiteres Argument: Alles ist Beweger oder Bewegtes. Das Schlechte kann aber nicht Beweger sein: denn insofern etwas bewegt wird, ist es gegenwärtig und zielt auf Verbesserung. Aus gleichem Grund kann das Bewegte nicht schlecht sein. Denn das Ziel dabei, etwas zu bewegen, liegt darin, ihm eine Gestalt und ein Gut zu geben. Also kann nichts dem Wesen nach schlecht sein.

Nichts strebt außerdem sein Gegenteil an. Vielmehr hungert alles nach dem, was ihm ähnlich und angemessen ist. Wie gesagt, strebt alles, was »ist«, zum Guten. Darum kann etwas, insoweit es Bestand hat, nicht schlecht sein.

Für alles ist es zudem natürlich, irgendein Wesen zu haben. Wenn das Wesen in der Substanz besteht, handelt es sich um die Natur der Sache. Wenn es etwas Beiläufiges ist, muß es aus dem Prinzip einer anderen Substanz hervorgegangen sein, das für diese Substanz – aber nicht für jene – natürlich ist. [Betrachten wir vom Feuer erwärmtes Wasser:] Die Wärme ist für das Feuer natürlich, während sie im Wasser nur bewirkt wurde. – Was jedoch an sich schlecht ist, kann nicht für irgendetwas natürlich sein. Denn die Definition des Schlechten ist, daß etwas von dem entfremdet wurde, was für es natürlich und notwendig ist. Das Schlechte ist demnach nicht für etwas das Natürliche, weil es in der Entfremdung dessen besteht, was natürlich ist. Alles, was natürlicherweise zu etwas gehört, ist dementsprechend gut, während es schlecht ist, wenn es ihm fehlen würde. Folglich ist kein Wesen an sich schlecht.

Schauen wir weiter: Der Begriff des Wesens bezieht sich entweder auf eine Gestalt oder auf etwas, das eine Gestalt hat. Nur durch seine Gestalt läßt sich etwas klassifizieren und spezifizieren. Insofern etwas Gestalt annimmt, genügt es dem Begriff des Guten. Die Gestalt ist Prinzip und Ziel jeder Bewegung: Die Bewegung strebt nach der Verwirklichung ihrer vollkommenen Gestalt. Gut ist demnach alles, was sich wesensgemäß bestimmen läßt. Das Schlechte kann dann kein Wesen haben.

Darüber hinaus läßt sich das Dasein in Wirklichkeit und Möglichkeit unterteilen. Das Wirkliche ist bereits in sich gut. Denn soweit etwas wirklich ist, ist es vollkommen. Aber auch das Mögliche hat etwas Gutes. Denn es strebt zur Verwirklichung. Das zeigt sich in jeder Bewegung. Das Verhältnis des Möglichen zum Wirklichen ist nicht das einer Entgegensetzung; beides fällt unter die gleiche Gattung [nämlich die Gattung des Daseienden]. Entfremdung ist auch für das Mögliche nur eine beiläufige Eigenschaft. Alles Dasein ist, wie auch immer es sein mag, gut, insofern es da ist. Das Schlechte hat demnach kein Wesen.

Im zweiten Teil dieses Buches habe ich nachgewiesen, daß jedes Dasein, wie auch immer es sein mag, von Gott kommt. Im ersten Teil ist dargelegt worden, daß Gott das vollkommen Gute ist. Da das Schlechte nicht die Wirkung von etwas Guten sein kann, ist es also nicht sinnvoll, irgendetwas, das da ist, schlecht zu nennen, insofern es da ist.

Das ist gemeint Genesis 1,31: »Gott sah an, was er gemacht hatte: Es war sehr gut.« Und Kohelet 3,11: »Gott hat das alles zu seiner Zeit auf vollkommene Weise getan.« Sowie 1 Timotheus 4,4: »Alles, was Gott geschaffen hat, ist gut.«

Auch Dionysius sagt im vierten Kapitel von »Über die göttlichen Namen«: »Das Schlechte hat weder« an sich genommen »eine Existenz, noch besteht es« gleichsam als eine Art beiläufiger Eigenschaft (wie z.B. das Weiße oder das Schwarze).

Durch diese Erwägungen läßt sich der Irrtum der Manichäer vermeiden, die behauptet haben, einige Dinge seien ihrer Natur nach schlecht.

Der These, das Schlechte habe keine Natur und sei kein Ding, scheint man allerdings mit einigen guten Gründen widersprechen zu können:

[1.] Nach den wesentlichen Unterschieden werden die Klassifizierungen vorgenommen. Das Schlechte macht bei einigen Klassifizierungen einen wesentlichen Unterschied aus wie bei der moralischen Bewertung von Haltungen oder Handlungen: Tugendhaftigkeit ist eine gute Haltung, Lasterhaftigkeit dagegen eine schlechte Haltung. Ebenso verhält es sich bei tugendhaften bzw. lasterhaften Handlungen. Schlechtigkeit dient also bei manchem zur Klassifizierung. Demnach müßte sie als etwas angesehen werden, das für einiges wesensgemäß oder natürlich ist.

[2.] Bei Gegensätzen besitzt jede Seite eine Natur. Würde man die Naturhaftigkeit auf einer Seite bestreiten, wäre es die Gegensätzlichkeit selbst, die man vollständig »entfremden« oder negieren müßte. Von gut und schlecht spricht man aber als Gegensatz. Also besitzt das Schlechte eine Natur.

[3.] Gut und Schlecht seien, sagt Aristoteles in seinen »Kategorien«, »einander entgegengesetzte Kategorien«. Jede Kategorie hat jedoch ein Wesen und eine Natur. Was nicht ist, ist nicht nach einem spezifischen Unterschied zu klassifizieren und bildet demgemäß keine Gattung. Das Schlechte müßte also ein Wesen und eine Natur aufweisen.

[4.] Was sich bewegt, ist etwas. Das Schlechte nun bewegt etwas durch seine Schlechtigkeit, indem es sich dem Guten widersetzt und es zerstört. Darum müßte das Schlechte etwas Wesenhaftes sein.

[5.] Bei allem, von dem es mehr oder weniger gibt, handelt es sich um geordnete Daseinsformen, während das, was entfremdet oder verneint ist, kein Mehr oder Weniger aufweist. Beim Schlechten allerdings gibt es Über- und Unterordnung durch das, was schlechter, und das, was weniger schlecht ist. Das scheint uns zu zwingen, anzunehmen, daß das Schlechte eine Daseinsform hat.

[6.] »Sache« und »Dasein« sind austauschbare Begriffe. Das Schlechte nun hat in der Welt sein Dasein. Demzufolge ist es eine Sache mit einer eigenen Natur.

Es ist nicht sonderlich schwer, diese sechs Einwände gegen die These, das Schlechte habe keine Natur und sei kein Ding, zu widerlegen.

[Zu 1.] Das Schlechte und Gute dient in der Moral zur Klassifizierung, wie es im ersten Einwand heißt, weil die Moral vom Willen abhängt: Etwas kann dann einer moralischen Bewertung unterliegen, wenn es willentlich ist. Der Gegenstand des Willens ist das Gut des jeweiligen Ziels. Vom Ziel her wird daher das Moralische klassifiziert (so klassifiziert man ja auch die natürlichen Bewegungen von ihrem Prinzip her, wie z. B. die Erwärmung von der Wärme). Weil man von »gut« und »schlecht« in der Hinsicht spricht, ob eine Hinordnung auf das Ziel oder eine Entfremdung von dem Ziel vorliegt, ist es in der Moral die Unterscheidung zwischen gut und schlecht, die das erste Kriterium der Klassifizierung bildet. Für jede Klassifizierung nun muß es einen einzigen Maßstab geben. Der Maßstab in der Moral ist die Vernunft. Darum spricht man in der Moral von gut und schlecht bezogen auf das Ziel der Vernunft. Vom Ziel her gehört dasjenige zur moralisch guten Klasse, was sich als vernünftig klassifizieren läßt; und zur moralisch schlechten Klasse, was der Vernunft entgegengesetzt ist. Das Ziel stellt jedoch selbst dann ein Gut dar, wenn es kein vernünftiges Ziel ist, wie etwa die sinnliche Bedürfnisbefriedigung. Diese Art des Guten findet sich auch bei den Tieren. Auch beim Menschen handelt es sich um etwas Gutes, solange eine vernünftige Maßhaltung beachtet wird. Auch kommt es vor, daß für den einen etwas schlecht ist, das für den anderen gut ist. Das Schlechte, mit dem moralisch klassifiziert wird, bedeutet daher nicht etwas seinem Wesen nach Schlechtes. Vielmehr ist etwas, das an sich gut ist, für den Menschen schlecht, wenn es der vernünftigen Ordnung widerspricht, die das Gut des Menschen ist.

[Zu 2.] Diese Überlegung zeigt auch, daß Schlecht und Gut Gegensätze bezogen auf die moralische Klassifizierung von Handlungen sind. Es handelt sich nicht um prinzipielle Gegensätze, wie im zweiten Einwand vorausgesetzt wurde. Vielmehr ist das Schlechte eine Entfremdung vom Guten.

[Zu 3.] Das macht auch klar, wie die im dritten Einwand zitierte Aussage von Aristoteles verstanden werden kann, schlecht und gut seien in der Moral »einander entgegengesetzte Kategorien«. In der Moral sind bei den Gegensätzen entweder beide Seiten schlecht (z. B. Protz und Geiz), oder die eine Seite ist gut und die andere schlecht (z. B. Großzügigkeit und Geiz). Das Schlechte kann in der Moral demnach sowohl Handlungen klassifizieren als auch differenzieren. Dies geschieht jedoch nicht hinsichtlich der Tatsache, daß sie vom Gut der Vernunft entfremden, obwohl sie von dieser Tatsache her »schlecht« heißen. Vielmehr klassifiziert und differenziert der Begriff des Schlechten in der Moral hinsichtlich des Wesens der Handlung oder der Haltung, das in einem Ziel besteht, ohne sich in einem angemessenen Verhältnis zur Vernunft zu befinden. In gleicher Weise gehört ein blinder Mensch zur Kategorie »Mensch«, nicht von der Tatsache her, daß er blind ist, sondern daß er Mensch ist; oder »Vernunftlosigkeit« ist eine Klassifizierung der Tiere, nicht weil sie der Vernunft entfremdet wären, sondern weil sie eine Natur haben, die durch das Fehlen von Vernunft gekennzeichnet ist.

Eine andere Möglichkeit, das Zitat zu verstehen, ist, Aristoteles habe nicht seiner eigenen Meinung nach Schlecht und Gut

»Kategorien« genannt. Unter seinen zehn Kategorien, von denen jede einen Gegensatz einschließt, jedenfalls führt er Schlecht und Gut nicht auf. Vielmehr gibt Aristoteles an der [im Einwand zitierten] Stelle bloß die Meinung von Pythagoras wieder, der sagte, das Gute und das Schlechte seien die ursprünglichen Kategorien und obersten Prinzipien. In dem Gegensatz von Gut und Schlecht seien die ersten zehn Gegensätze inbegriffen. Unter »das Gute« zählte Pythagoras »das Endliche, Geradzahlige, Einheitliche, Rechte, Männliche, Ruhende, Rechtwinklige, Lichte und Quadratische« sowie das höchste »Gut«; unter »das Schlechte« zählte er »das Unendliche, Ungerade, Viele, Linkische, Weibliche, Bewegte, Gekrümmte, Finstere, Gestreckte« sowie das absolut »Böse«. Aristoteles verwendet an mehreren Stellen seiner logischen Bücher Ansichten von anderen Philosophen als Beispiele dafür, was in deren Zeit als wahrscheinlich galt.

Die Meinung des Pythagoras enthält eine Portion Wahrheit (denn etwas Wahrscheinliches ist niemals völlig verkehrt). Bei allen Gegensätzen ist die eine Seite vollkommener als die andere Seite, die eine Entfremdung enthält. Das Weiße und das Warme beispielsweise sind vollkommen, das Kalte und das Schwarze dagegen unvollkommen, weil sie gleichsam um das Weiße bzw. Warme vermindert oder von ihm entfremdet sind. Jede Verminderung oder Entfremdung nun ist etwas Schlechtes, jede Vollkommenheit etwas Gutes: Darum scheint bei den Gegensätzen jeweils die eine Seite zum Guten, die andere zum Schlechten gezählt werden zu können. Demnach könnte man sagen, das Gute und das Schlechte bildete die Kategorien für alle Gegensätze.

[Zu 4.] Hieran anknüpfend wird deutlich, auf welche Weise das Schlechte vom Guten wegbewegt (was dem vierten Einwand zugrundeliegt). Die Gestalt und das Ziel einer Bewegung erfüllen den Begriff des Guten und stellen immer das wirkliche Motiv zur Bewegung dar; da dies mit der Entfremdung von der jeweils entgegengesetzten Gestalt und dem entgegengesetzten Ziel einhergeht, wird von der Bewegung selbst als einer entfremdeten und schlechten gesprochen: Dies ist jedoch eine nur beiläufige Begriffszuweisung, denn eigentlich kann die Entfremdung nicht das Motiv einer Bewegung sein. Darum sagt Dionysius im vierten Kapitel »Über die göttlichen Namen«: »Das Schlechte kann gegen das Gute bloß mittels der Kraft des Guten kämpfen. An sich ist es machtlos und schwach,« da es eben für keine Bewegung das Motiv ist. Man spricht allerdings nachlässigerweise so, als würde das Schlechte das Gute auch aktiv (und nicht nur kraft des Guten, wie gesagt wurde) zerstören: Das bezieht sich dann auf die Gestalt des Schlechten, so wie man sagt, die Blindheit »schlage« das Sehen, weil sie den Gesichtssinn zerstört. In dieser Weise wird auch gesagt, das Weiße »färbe« eine Mauer, weil es die Farbe der Mauer ist.

[Zu 5.] Daß man beim Schlechten von einem Mehr oder Weniger sprechen kann, liegt am Grad der Abweichung vom Guten. Etwas kann nämlich stärker oder weniger stark entfremdet sein. So verhält es sich etwa auch bei der Steigerung von »ungleich« oder »unähnlich«: Etwas ist »ungleicher«, was weiter von seinem Ursprung entfernt ist, oder »unähnlicher«, was stärker von seinem Urbild abweicht. »Schlechter« heißt dann das, was mehr Mangel an Gutem hat, also gewissermaßen weiter vom Guten weg ist. Die Steigerung der Entfremdungen bedeutet demgegenüber nicht, daß ein Wesen mit Qualität und Gestalt vorliegt, wie der fünfte Einwand unterstellt: Vielmehr handelt es sich um die Steigerung der entfremdenden Ursache: Es verhält sich so wie bei der Luft, die um so dunkler wird, je mehr die Lichtquelle verdeckt wird; auf diese Weise wird ihre Teilhabe am Licht verringert.

[Zu 6.] Vom Schlechten sagt man, es »sei in der Welt«; aber nicht so, als ob es ein Wesen habe und als Sache existiere, wie im sechsten Einwand gefolgert wurde. Man sagt vielmehr, daß etwas durch das Schlechte schlecht sei, so wie man es auch bei der Blindheit und ähnlichen Entfremdungen sagt: Ein Lebewesen ist blind aufgrund der Blindheit. Vom »Sein« spricht man nämlich, wie der Philosoph in seiner »Metaphysik« lehrt, in zweierlei Hinsicht: In einer Hinsicht bezeichnet »Sein« das Bestehen von Dingen, die mit den zehn Kategorien erfaßt werden. In dieser Hinsicht kann man bei Entfremdung nicht von »Sein« reden. In der anderen Hinsicht bezeichnet »Sein« die Beurteilung von Zusammensetzungen: In dieser Hinsicht »sind« das Schlechte und die Entfremdungen etwas, weil man darunter versteht, daß sich etwas im Zustand der Entfremdung befindet.

[Summa contra gentiles III, 7-9]

URSACHE DES SCHLECHTEN IST DAS GUTE

Aus dem Gesagten ergibt sich, daß das Schlechte keine Ursache als das Gute hat. Wenn nämlich etwas Schlechtes vom Schlechte verursacht wird, das Schlechte seinerseits aber nur kraft des Guten wirkt, wie erwiesen wurde, muß dieses Gute die ursprüngliche Ursache des Schlechten sein.

Nicht-Seiendes kann keine Ursache von etwas sein. Denn jede Ursache ist etwas, das ist. Das Schlechte jedoch hat kein Sein, wie wir gesehen haben. Demnach kann es nicht etwas verursachen. Da das Schlechte eine Ursache haben muß, kann diese nur etwas Gutes sein.

Eine Ursache im engeren Sinne strebt nach der ihr eigentümlichen Wirkung. Wäre das Schlechte eine solche Ursache von etwas, würde sie nach der ihr eigentümlichen Wirkung streben, also nach dem Schlechten. Das jedoch ist falsch, denn wir haben gesehen, daß alles, was sich bewegt, nach dem Guten strebt. Das Schlechte ist also nicht im engeren Sinne Ursache, sondern nur mögliche Nebenfolge. Eine mögliche Nebenfolge ist auf eine eigentliche Ursache zurückzuführen. Nur das Gute kann eine solche Ursache sein, das Schlechte dagegen nicht. Demnach ist die Ursache des Schlechten das Gute.

Eine Ursache besteht entweder aus Materie, aus einer Gestalt, aus einem Beweger oder aus einem Ziel. Das Schlechte hat weder materielle Möglichkeit noch gestaltete Wirklichkeit, denn es wurde dargelegt, daß sowohl das mögliche als auch das wirkliche Sein gut sind. Auch ein Beweger kann das Schlechte nicht sein, da etwas bewegt, insofern es wirklich ist und Gestalt hat. Ebenso kann das Schlechte nicht Ziel sein, da es, wie gesagt, nicht beabsichtigt wird. Also kann das Schlechte nicht Ursache von etwas sein. Wenn demnach etwas die Ursache des Schlechten ist, so muß es das Gute sein.

Schlecht und Gut sind allerdings Gegensätze, und bei Gegensätzen kann nicht die eine Seite Ursache der anderen Seite sein – es sei denn zufällig, so wie »das Kalte [im Verhältnis zu etwas noch Kälterem] wärmt«, wie Aristoteles im achten Buch der »Physik« bemerkt. Daraus folgt, daß das Gute nur in gleichsam zufälliger Weise das Schlechte ursächlich bewirken kann.

[Summa contra gentiles III, 10]

Thomas von Aquin wurde um 1225 auf der Burg Roccasecca bei Aquino, ungefähr auf halbem Weg zwischen Rom und Neapel, geboren. Ab dem 5. Lebensjahr wurde er im Kloster Monte Cassio erzogen. Von 1239 bis 1244 studierte er an der Universität Neapel. Um 1244 trat er gegen den Willen seiner Familie den Dominikanern bei, die ihn zum Weiterstudium nach Paris sandten.

Die scholastische Universität im 13. Jahrhundert war eine autonome, wehrhafte Institution, die ihre Selbständigkeit durch bewaffnete Studenten- und Lehrergilden mit eigener Rechtshoheit ausdrückte. Für das sozialgeschichtliche Interesse auch nicht ganz nebensächlich ist die überlieferte Tatsache, daß die Räume, in denen tagsüber die Seminare der Pariser Universität stattfanden, in der Nacht als Bordell genutzt wurden.

Zwischen 1248 und 1252 studierte Thomas von Aquin bei Albertus Magnus, den er in Paris getroffen hatte und mit dem er nach Köln ging. Dann wandte er sich erneut nach Paris, wo ihm 1256 der Magistertitel verliehen wurde. Hier nahm er seine Lehrtätigkeit auf.

In dieser Zeit hielt er die Vorträge zur Schrift *»De trinitate«* (Über die Dreifaltigkeit) von Boethius. In den Vorträgen, überliefert unter dem Titel *»In librum Boethii de trinitate expositio«* (Auslegung der Schrift »De trinitate« von Boethius, deutsche Übersetzung Stuttgart 1988: Verlag freies Geistesleben), legte er seinen radikal aufklärerischen Standpunkt besonders unmißverständlich dar.

Ein Wort zur mittelalterlich-scholastischen Lehrpraxis: Der Universitätslehrer – *magister* – war gehalten, sich jeder studentischen Frage – *quaestio* – zu stellen und eine vernünftige Antwort – *disputatio* – auf sie zu finden. Eine Zensur durfte nicht stattfinden. Von Thomas' Lehrer Albertus Magnus ist eine *disputatio* zu der eher abstrusen Frage überliefert, »Ob es vernünftig sei, daß Frauen Brüste haben und Männer nicht«. Die Frage, eingeleitet mit *»utrum«* (ob), war meist suggestiv und enthielt eine Hypothese. Diese Hypothese mußte der Magister im ersten Schritt »stark« machen, also Gründe für sie suchen, angedeutet mit *»videtur«*, es scheint, daß... Handelte es sich um eine strittige Frage, mußte vor der eigenen Stellungnahme sichergestellt werden, daß der Diskussionspartner der Darstellung seiner Hypothese zustimmte. An die Hypothese wurde mit *»sed contra«* die mögliche Gegenposition geknüpft. Erst dann legte der Magister seine eigene Stellungnahme vor, eingeleitet mit *»respondeo«:* Ich antworte!

An der formalen Struktur der »disputatio« ist bemerkenswert, daß sie bis heute unübertroffen ist in ihrer Offenheit, sich allen Fragen und möglichen Standpunkten zu stellen, und in ihrer Verpflichtung, den Andersdenkenden ernst zu nehmen und korrekt wiederzugeben.

Die tolerante Form des Diskutierens als typisch mittelalterlich bezeichnen zu wollen, wird der verwunderlich finden, der das Vorurteil der sich »modern« Dünkenden für voll nimmt und keine andere Sicht zuläßt. Ein Beispiel für eine solche andere Sicht:

> »Das christliche Zeitalter repräsentiert eine Stufe der Kultur, wo mannigfaltige Gesellschaftsgebilde, die ausschließlich sind und nebeneinander bestehen, von einem einheitlichen Geist durchdrungen eine in Freiheit sich zusammenschließende Gesamtheit vieler Selbständigkeiten darstellten. Wir nennen dieses Prinzip des Mittelalters im Gegensatz zum Prinzip des Zentralismus und der Staatsgewalt das Prinzip der Schichtung. Die christliche Zeit wird charakterisiert eben durch diese Gesamtheit von Selbständigkeiten, die sich gegenseitig durchdrangen, die sich durcheinander schichteten, ohne daß daraus eine Pyramide oder irgendwelche Gesamtgewalt geworden wäre. Die Form des Mittelalters war nicht der Staat, sondern die Gesellschaft, die Gesellschaft von Gesellschaften« (Landauer, Revolution [1907], Berlin 1974, S. 42f).

Hexen- und Frauenverfolgung sowie Inquisition, die häufig mit dem »dunklen« Mittelalter in Verbindung gebracht werden, gehören ebenso wie der Massenvernichtungskrieg eher in die Neuzeit. – Wie anders man selbst Ereignisse historisch beurteilen kann, zu denen wir meinen, eine gesicherte Beurteilung schon gefunden zu haben, zeigt die französische Mediävistin Régine Pernoud in ihrer Biographie der heiligen Hildegard am Beispiel der Kreuzzüge:

> »1098: Ein gewaltiges Beben erschüttert die damals bekannt Welt, das Abendland und das Morgenland zugleich: diese Welt befindet sich buchstäblich im Aufbruch. Nicht wie im Altertum auf Befehl Caesars hin, als ganze Heere antraten, um die Grenzen zwischen Rom und den Barbaren zu sichern. Nein, freiwillig waren Massen angetreten, als der Papst in der Kathedrale von Clermont zur Winterszeit am 18. November 1095, dem Martinstag, seine Stimme erhob. Urban II hatte die Christenheit aufgerufen, ihren Brüdern im Morgenland beizustehen und Jerusalem, die Heilige Stadt, zurückzuerobern« (Pernoud, Hildegard von Bingen, Freiburg 1996, S. 9).

Der Orden schickte den Bruder Thomas 1259 mit verschiedenen

Aufträgen nach Italien. Hier wurde er an die Höfe der jeweiligen Päpste berufen und leitete zwischenzeitlich die Ordensschule Santa Sabina in Rom. In jener Zeit arbeitete er an der *»Summa contra gentiles«* (Summe gegen die Heiden), und 1267 begann er die unvollendet gebliebene *»Summa theologica«*. Von 1268 an war er wieder in Paris, wo er in die philosophischen, theologischen und politischen Auseinandersetzungen um die Aristoteles-Rezeption eingriff.

Zwei Anekdoten aus Thomas' Leben werfen Schlaglichter auf den Menschen, auch und gerade auf das Verhältnis des angeblich »vergeistigten« Philosophen zu seinem Körper. Von Thomas wird berichtet, daß er ausgesprochen dick gewesen sei. Allerdings war dies nicht etwa Anlaß zur Ablehnung. Ganz im Gegenteil ist überliefert, daß Thomas, wenn er auf seinen Reisen – er wanderte ja immer zu Fuß – durch ein Dorf kam, von den Bauern umringt und seiner unbeschreiblichen Schönheit wegen bewundert wurde.

Seine »schöne« Dickleibigkeit hat Thomas durch genußvolles Essen erreicht. Um das Verbot, am Freitag Fleisch zu genießen, zu umgehen, hat der im Argumentieren geübte Bruder kurzerhand die Seevögel zu Lebewesen erklärt, die »den Fischen in etwa gleichen«. So kam es, daß er am Freitag keinen Fisch essen mußte, den er haßte, sondern exquisites Federvieh zu sich nehmen konnte.

Als Thomas 1272 Paris verließ, hatte er innerlich mit seiner philosophischen Arbeit abgeschlossen. Auf dem Weg zum Lyoner Konzil starb er 1274 im Kloster Tossanova.

Nach Thomas' Tod gewannen zunächst die Gegner der aristotelischen Philosophie genügend Einfluß, um viele seiner Aussagen kirchlich verurteilen zu lassen, konnten aber nicht erreichen, ihn als Ketzer einstufen zu lassen. Bis 1323 hatte sich der Aristotelismus aber so weit etabliert, daß Thomas als größter Vertreter dieser Richtung heilig gesprochen wurde. Später hat man dann seine Schriften sogar in den Rang der Kirchenlehre erhoben.

Die politischen Folgen der Philosophie des Thomas von Aquin beschreibt der deutsch-jüdische Revolutionär vom Anfang des 20. Jahrhunderts, Gustav Landauer:

> »Allen voran kämpften [Ende des 16. Jh.] die [katholischen] Geistlichen für Freiheit und Volksrechte. Ein Pfarrer, Pigenat, rief, Gott spreche nur durch die Stimme des Volkes: *›Vox populi, vox Dei.‹* Das war nicht mehr bloß der alte christliche Geist, der zu Verstand und damit zu aggressiven Worten gekommen war, in vollem Bewußtsein des Gegensatzes zum protestantischen Gottesgnadentum, es war vielmehr, manchmal bewußt, oft nur undeutlich gefühlt, vielfach nur noch gewohn-

heitsmäßige und wirksame christliche Einkleidung für den schöpferischen neuen Geist« (Landauer, Revolution [1907], Berlin 1974, S. 79).

Im folgenden skizziere ich die Grundzüge der subversiven Philosophie und Theologie des heiligen Thomas.

VERNUNFT IST TOLERANT, GLAUBE IST FREIWILLIG

Die Ausgangsfrage des Thomas ist die nach dem Verhältnis zwischen Philosophie und Theologie, zwischen Vernunft und Glaube. Thomas wendet sich sowohl gegen den Alleinanspruch der Philosophie als auch den der Theologie. Philosophisch weist er nach, daß die Vernunft nicht alles beantworten kann, also Bereiche für andere Formen der Überzeugung offen läßt. Und theologisch argumentiert er, man müßte ja annehmen, Gott hätte den Menschen die Vernunft als etwas Überflüssiges (oder, gotteslästerlicher noch, etwas Falsches) mitgegeben, wollten es sich die Gläubigen erlauben, gegen die Vernunft zu verstoßen.

Aus dieser Überlegung ergibt sich, was »thomistische Synthese« genannt wird: Der Glaube habe die Vernunfturteile anzunehmen, die Vernunft jedoch bedürfe zur Begründung ihrer Verbindlichkeit des Glaubens. Die »Synthese« aus Philosophie und Theologie liegt allem zugrunde, was Thomas geschrieben hat.

Da die Vernunft nicht irrt, sondern nur für die Erkenntnis bestimmter göttlicher Dinge unzureichend ist, kann theologisch von Gott nichts ausgesagt werden, was der Logik widerspricht: So wird ein logischer Widerspruch (wie z.B. die Aussage »das Vernünftige ist unvernünftig«) auch durch ein Wunder nicht richtig; göttliche Zeichen und Wunder können lediglich gegen die Erfahrung verstoßen, z.B. durch die Aussage »Der Tote kehrt ins Leben zurück«. In gleicher Weise kann man vom Allmächtigen sagen, er könne etwas nicht, nämlich alles das, was dem Begriff der Allmacht widerspricht wie z.B. passiv, vergänglich, ermüdet, besiegt sein; ebensowenig kann Gott das Vergangene ungeschehen machen.

Wie kritisch Thomas seinen Gott befragt, läßt sich im Vorwort zu seinem Kommentar des alttestamentarischen »Buches Hiob« ablesen. Thomas interpretiert das Buch Hiob als philosophische Abhandlung über die Frage, ob es eine göttliche Fügung des menschlichen Lebens gäbe. Diesem christlichen Glaubensinhalt stehen bedenkenswerte Einwände gegenüber:

Diejenigen, die die Zweifel an der Existenz der Fügung anmeldeten, sahen sich dadurch aufs höchste bestätigt, daß beim Menschen nichts einer sicheren Ordnung zu folgen scheint: Gutes erwächst nicht immer aus Gutem und Schlechtes nicht notwendig aus Schlechtem. Aus Gutem ergibt sich jedoch auch nicht stets Schlechtes und aus Schlechtem nicht regelmäßig Gutes, sondern mal das eine und mal das andere.

Diese Beobachtung ist der Grund dafür, warum sich die Meinung so lange gehalten hat, der Mensch werde nicht von einer göttlichen Fügung bestimmt. Einige sagten, daß »beim Menschen der Zufall regiert. Er folgt keinem Plan.« Andere behaupteten sogar: »Selbst die Götter sind dem Zufall des Schicksals unterworfen.« – Daß aber die göttliche Fügung besonders in den Angelegenheiten des Menschen zweifelhaft scheint, liegt am Schicksal des Gerechten: Bereits die Beobachtung, daß aus Schlechtem bisweilen Gutes folgt, scheint irrational zu sein und dem Gedanken der göttlichen Fügung zu widersprechen. Gleichwohl läßt sich das mit dem Mitleid Gottes gleichsam entschuldigen. Strafe ohne Grund jedoch untergräbt den Gedanken an die göttliche Fügung vollends. Darum stellt sich hier [im Buch Hiob] als Thema die spannende Frage nach dem wechselhaften und schweren Schicksal, das einen in allem tugendhaften Mann trifft, wie es von Hiob berichtet wird.

Die Absicht des ganzen Buches [Hiob] besteht, wie gesagt, darin, zu zeigen, daß die menschlichen Angelegenheiten der göttlichen Fügung unterliegen. Darum wird den grundlegenden Diskussionen zwischen Hiob und seinen Freunden die Geschichte vorausgeschickt, in der ein gerechter Mann einem schwankenden Schicksal unterworfen ist. Denn das scheint dem Gedanken der göttlichen Fügung menschlicher Angelegenheiten zu widersprechen. [Hiob-Kommentar, aus der Einleitung]

In der »Summe gegen die Heiden« verzichtet Thomas weitgehend auf die Absicht, die Gegner des katholischen Glaubens durch positive Beweise zu überzeugen, vielmehr argumentiert er »negativ«: Die Behauptungen der Gegner werden als nicht-zwingend entlarvt, ohne freilich damit einen positiven Beweis für den katholischen Glauben vorzulegen. Denn der Glaube ist nur durch die Gnade der Offenbarung zu erlangen. Ein Versuch, vernünftige Gründe für den Glauben anzubringen, würde der Sache des Glaubens schaden durch seine Unzulänglichkeit.

Thomas ist jedoch nicht immer konsequent. Nachdem er bei der Frage, ob Ungläubige zum Glauben gezwungen werden dürften, dies bezogen auf die andersgläubigen »Heiden« (Juden, Mohammedaner usw.) strikt verneint, sagt er:

Die anderen Ungläubigen haben den wahren Glauben angenommen und bekennen sich zu ihm, wie Häretiker und andere Abtrünnige. Sie sind auch unter Zuhilfenahme körperlicher Gewalt zur Einhaltung der einmal eingegangenen Verpflichtungen zu zwingen. [Summa theologica II-II, q.10,8]

Diese Aussage enthält zwei Verstöße gegen Thomas' eigene Voraussetzungen: Denn erstens müßte diesem Absatz zufolge der Glaube als ein einmaliger Willensakt wie ein Vertragsabschluß mit unbegrenzter und unauflöslicher Geltung angesehen werden – einen solchen »Sklaven«-Vertrag kann es jedoch naturrechtlich nicht geben –; und zweitens würde der Katholik nach dem einen Akt der Freiwilligkeit in einen Zustand gelangen, in welchem der Glaube erzwungen wäre.

Die erwähnte »körperliche Gewalt« lehnt Thomas an anderer Stelle entschieden ab:

In der Sozialordnung entstehen Mißstände, wenn jemand nicht mit intellektueller Kraft führt, sondern sich mit körperlicher Gewalt Befehlsmächtigkeit aneignet oder aus Herrschsucht ein Amt bekleidet. [Summa contra gentiles III, c. 81]

UNVERNUNFT HAT KEINE GESETZESKRAFT

Die gesellschaftspolitischen Schlußfolgerungen aus der »thomistischen Synthese« knüpfen an die zwei Aussagen an, daß (1.) Vernunft universell bindend sei, während (2.) der Glaube nur Gläubige binde. Es ergibt sich daraus eine Zweiteilung der Regeln, die für das Zusammenleben gelten:

1 Die erste Kategorie von Regeln ist für alle Menschen verbindlich. Das sind die naturrechtlichen Gesetze. Sie werden aus der Vernunft (nicht aus der Natur!) abgeleitet.

2 Die zweite Kategorie von Regeln gilt nur für die Menschen, die sich ihnen in einer willkürlichen (aber für sie selbst durchaus nicht beliebigen) Entscheidung unterwerfen. Diese willkürlichen (»voluntaristischen«) Regeln – auch »positive Gesetze« oder »gesatztes Recht« genannt – haben nur begrenzte Geltungskraft.

Thomas scheut sich nicht, seine Schlußfolgerungen auch in einen kirchenpolitisch unbequemen Zusammenhang zu stellen. Etwa folgenden: »Bigamie ist kein Verstoß gegen das Naturrecht, sondern nur gegen das positive Recht« (Summa theologica, Supplement, q. 66,5).

Die Behauptung der »Enzyklika Veritatis splendor« von 1992 unter Papst Johannes Paul II., daß die Ehescheidung nicht bloß ein Verstoß gegen kirchliches, sondern auch gegen natürliches Recht sei, kann sich auf die Autorität des Kirchenlehrers von Aquino jedenfalls nicht berufen.

Die journalistische Aussage, mit eben dieser Enzyklika fiele »die katholische Kirche ins Mittelalter zurück« (so hieß es im »Stern«), entbehrt der Grundlage. Wie so viele andere, ist auch diese reaktionäre Position der Kirche eine Sache unserer Tage.

SEINER VERNUNFT NICHT ZU FOLGEN, IST UNGEHORSAM GEGEN GOTT

Im Glauben ist gesichert, daß die Ergebnisse vernünftigen Nachdenkens als wahr anzuerkennen sind. Die Verbindlichkeit des Rechts entspringt der Vernunft. Mit diesen beiden bisher erarbeiteten Elementen baut Thomas auch die Sittlichkeit auf. Gott fordert, indem er den Menschen Vernunft gegeben hat, daß sie der Vernunft folgen. Was richtiges und was falsches Handeln ist, erschließt sich den Menschen einzig und allein durch vernünftiges Abwägen. Die Begriffe der sittlichen Verfehlung, die Thomas gebraucht, wie *»malum«* (Böses), *»vitium«* (Laster) und *»peccatum«* (Sünde) werden ausnahmslos darauf zurückgeführt, daß ein Urteil der Vernunft mißachtet ward.

Die ethischen Überlegungen des Thomas bringen jedoch ein weiteres Element ein, das den aufklärerischen Charakter seiner Philosophie noch unterstreicht. Seine Überlegungen zum Vernunftglauben und Vernunftrecht könnten ja so verstanden werden, daß er mit »Vernunft« eine Instanz oder Autorität meint, die *über* dem einzelnen Menschen steht. Diese Vorstellung allerdings bekämpft Thomas ausdrücklich als eine unrichtige Aristoteles-Auslegung in »Über die Einheit des Geistes« (um 1270, deutsche Übersetzung Stuttgart 1987: Verlag freies Geistesleben). Diese Schrift belegt, daß Thomas, wenn er von Vernunft spricht, *die Vernunft jedes einzelnen Menschen meint.* Insofern kann er auch sagen, die Vernunft binde den Menschen, selbst wenn sie irre. Diese Aussage enthält die Idee, daß es über der vernünftigen Erwägung des einzelnen keine höhere Instanz oder Autorität gebe, die Gehorsam verlangen könne.

Oder theologisch gesagt: Gott hat seine Anleitung zum rechten Leben jedem einzelnen Menschen unmittelbar durch die individuelle Vernunft gegeben. Je mehr sich der Mensch seiner Vernunft bedient, um so näher ist er Gott.

Selbstredend gibt es für Thomas eine gültige Grundlage der »Sittlichkeit«. In der »Summe gegen die Heiden« (III, c. 2ff) entwickelt Thomas ausführlich die These, das Schlechte sei *unbeabsichtigt.* Gibt es demnach keine Absicht des Bösen?

Es müsse doch eine böse Absicht geben können, denkt man automatisch. Aber sobald gesagt wird: »Der Böse tut dies« – (z. B.: »Der Diktator läßt einen Kritiker erschießen, *um zu...*«) – wird ein Gut formuliert, das er mit der Handlung erreichen will. Böse wird seine Handlung, weil dieses Gut nicht zusammen bestehen kann mit anderen, übergeordneten Gütern. Also ist das Böse im Diktator seine Unfähigkeit, die Ordnung der Güter zu erkennen – die Abwesenheit von Denken. Es gibt kein Reich des Bösen. Es gibt nur menschliches Versagen.

Wieviel kann über Hitler ausgesagt werden, ohne an seine Bösartigkeit zu rühren? Eine ganze Menge: biologische Funktionen, aber auch »menschliche« Handlungen, sogar Vernunftfunktionen. Auch der böse Mensch muß, insoweit er ein Lebewesen ist, gut genannt werden. Daraus folgt: Das Übel ist »akzidentiell« (nebensächlich), nicht »substantiell« (wesentlich). Das ist die Voraussetzung dafür, daß Kritik überhaupt möglich ist. Denn Kritik kann sich vernünftig nur äußern, wenn eine Abweichung von einem gemeinsam anerkannten Maßstab festgestellt wird. Gäbe es eine »böse Absicht«, so würde der, der sie hegte, sie als sein Gut ansehen. Sie könnte demnach nicht als böse kritisiert werden. Es wäre bloß möglich zu sagen: »Der andere hat eben eine andere Meinung.« Eine Diskussion ergibt sich nur dann, wenn man dem Bösen nachweisen kann, daß sein Tun nach seinem eigenen Maßstab schlecht ist.

An diesen thomistischen Gedanken knüpft Paul Goodman an, indem er immer wieder durchblicken läßt, daß jede Handlung pragmatisch gut sei, wenn sie Erfolg habe, aber erst moralisch gut, wenn ihr Erfolg in einem vernünftigen sozialen Kontext definiert sei.

»Schlecht« ist der unmittelbare Handlungsmißerfolg. »Sünde« ist die fehlende Bezugnahme auf Glück. Das entspricht in der neuzeitlichen Philosophie dem Begriff der »Klugheit« (fehlt sie, ist die Handlung »schlecht«, weil ein Mißerfolg droht) und der »praktischen Vernunft« (fehlt sie, wird eine Handlung zur Sünde, weil sie nicht den sozialen Kontext bedenkt).

Kritik am Relativismus – »alles ist bloß eine Frage der Perspektive« – braucht nicht im Dogmatismus zu enden. Da Thomas die Vernunft des einzelnen zum Maßstab macht, muß er auch Meinungsdifferenzen zulassen. Sein eigener Beitrag fügt Gründe und Überlegungen hinzu, legt die Differenzen allerdings nicht bei. Es ist eben nicht »alles eine Frage der Perspektive«, wie der zynische Relativist sagt, sondern alles eine Frage der Hierarchisierung von Perspektiven: Welches ist eine gute, welches eine schlechte Perspektive?

Die Tugend, die »den Menschen gut macht und sein Werk gelingen läßt« [Aristoteles], entspricht nur der Natur des Menschen, insoweit sie vernünftig ist. Auch das Laster geht nur gegen die menschliche Natur, insoweit es gegen die Vernunft verstößt.

[Summa theologica I-II, q. 71,2]

Die Begriffe *»malum«* (Böses), *»vitium«* (Laster) und *»peccatum«* (Sünde) sind bei Thomas Synonyme für »widervernünftig«. Die »Sünde« hat allerdings eine darüber hinausgehende, religiöse Bedeutung, die einer eigenen Würdigung bedarf: Ein Verstoß gegen religiöse Gesetze ist für den Gläubigen widervernünftig. Da der Glaube jedoch nicht aus der Vernunft bewiesen werden kann, ist dieser Verstoß für den Ungläubigen keine Sünde. Die Entscheidung für den Glauben ist objektiv moralisch indifferent, da sie nicht aus der Vernunft abgeleitet werden kann. Und subjektiv ist sie dann moralisch gut, wenn sie etwa Teil der Handlungen ist, die die eigene psychische Gesundheit aufrechterhalten.

Es muß demnach unterschieden werden zwischen Sünden, die der Vernunft unter allen Umständen widerstreiten (Raub, Mord usw.), und denen, die unter der Bedingung einer äußeren, nicht ihrerseits auf Vernunftgründen basierenden (d.h.: nicht allgemeinen) Zielsetzung widervernünftig werden. In der neuzeitlichen Philosophie heißt das dann »Kritik der praktischen Vernunft«.

Solange und überall dort, wo die menschliche Vernunft ausreicht, darf ausdrücklich nicht auf den Offenbarungsglauben zurückgegriffen werden. Dürfte die Offenbarung auch im Bereich der Vernunft in Anspruch genommen werden, müßte Thomas sagen, das göttliche Gesetz gelte, die menschliche Vernunft sei mangelhaft und solle sich unterordnen – nein, Thomas sagt es vielmehr andersherum: Erst wenn wir durch eigenes Nachdenken nicht weiterkommen, dürfen wir uns auf einen anderen Maßstab berufen.

Allerdings ist fraglich, wie weit wir kommen, wenn wir versuchen, uns auf den göttlichen Maßstab zu beziehen, denn: *»lex aeterna est nobis ignota«* – das göttliche Gesetz ist uns unbekannt. Das göttliche Gesetz wird uns erst bekannt *»per rationem naturalem«*, durch die natürliche Vernunft. Wenn die natürliche Vernunft nicht ausreicht: »durch zusätzliche Offenbarung« – die Offenbarung allerdings ist nicht allgemein (»katholisch«), sondern nur einigen Menschen gegeben. Zum menschlichen Recht gibt es keine Alternative. Wir müssen mit dessen Mängeln leben.

Über der Vernunft gibt es keine Instanz, die zwischen Gut und Böse unterscheidet. Gemeint ist die Vernunft jedes einzelnen Menschen. Sonst gäbe Thomas' Wendung, es gehe ihm um *»ratio, sive recta sive errante«* – die Vernunft, ob sie nun Recht habe oder irre – keinen Sinn, denn die Vernunft als Gattungsbegriff gesehen irrt nicht, oder sie wäre Unvernunft: Der Vernunft entgegen gibt nicht einmal Gott Befehle. Vielmehr gibt er Befehle durch die Vernunft.

Es ist übrigens für diese Argumentation vollkommen gleichgültig, ob der Mensch das einzige vernunftbegabte Lebewesen auf der Erde oder im Weltall ist. Für Thomas stand ja auch unumstößlich fest, daß es neben dem Menschen die Engel als solche Wesen gibt. Und wenn sich herausstellen sollte, daß Wale, Affen oder sogar außerirdische Lebewesen ebenfalls über eine Vernunft verfügen, so gilt das Gesagte auch für sie.

Da Gott die höchste Autorität ist, bedeutet die Auffassung von Thomas unweigerlich, daß es nur die Souveränität des einzelnen vernunftbegabten Individuums jeglicher Spezie gibt – und zwar ohne irgend eine Verpflichtung zum Gehorsam gegenüber einer angeblich höheren Instanz wie Kirche oder Staat. Im Gegenteil: Einem Befehl gegen den Rat der eigenen Vernunft zu gehorchen, ist moralisch schlecht. Widerstand ist nicht nur Recht, sondern auch Pflicht. Es ist nämlich immer ein Ungehorsam gegen Gott, die eigene Vernunft zu mißachten – dies gilt für den weltlichen ebenso wie für den religiösen Bereich: Denn der Befehl eines Vorgesetzten bindet die Vernunft ebensowenig wie die Drohung der Exkommunikation. »Besser in der Exkommunikation sterben, als gegen sein Gewissen handeln,« sagte Thomas.

Eine Anwendung für diesen Grundsatz stellt etwa die Aussage dar, ein Priester habe »selbst unter Androhung der Exkommunikation« den Beichtinhalt geheimzuhalten. Aber nicht nur in einem solchen Fall, in welchem das Gewissen des Handelnden eindeutig im objektiven Recht sich befindet, bindet es, sondern auch, wenn es irrt, steht es höher als die Anordnung der Autorität.

Unter »Gewissen« *(conscientia)* versteht Thomas ein spontanes Urteil der praktischen Vernunft über das, was richtiges oder falsches Handeln ist. Der zeitgenössische Theologe Wolfgang Kluxen meint, der Begriff sei ganz zu entbehren, weil das Gewissen bei Thomas keine »eigene moralische Größe« darstelle, die etwas anderes aussagt als die Vernunft. Unbestritten ist, daß Thomas in der individuellen Vernunft – und dies drückt sich im Begriff des »Gewissens« gut aus – die einzige Quelle von Rechtmäßigkeit erblickt. Auf diese Weise formuliert Thomas ein radikales Widerstandsrecht, an welches in der modernen politischen Theorie und Praxis konsequent der Anarchismus anknüpft. Das Widerstandsrecht entschuldigt jedoch nicht den Irrtum, wenn der Wille durch einen falschen Vernunftschluß bewirkt ist. Die Vernunft hat die Verantwortung, das Richtige zu denken und zu wollen.

Wir wissen, was Gott im allgemeinen will: nämlich das Gute. Wer demnach mit guten Gründen will, hat seinen Willen in Übereinstimmung mit Gott. Aber was Gott im einzelnen will, wissen wir nicht. Darum brauchen wir in diesem Bereich auch nicht zu versuchen, unseren Willen dem Willen Gottes konform gehen zu lassen. [Summa theologica I-II, q. 19,10]

Das heißt: Gott als höchste Autorität gibt uns keine direkten Anweisungen. Er gibt uns auf, mit unserer Vernunft das Wahre zu erkennen und damit das Richtige zu tun – dann ist unser Wollen gut und mit Seinem Wollen in Übereinstimmung. Gehorsam ohne eigenes vernünftiges Abwägen wäre also schlecht, nicht mit Gott in Übereinstimmung. »Kein Wille ist vollkommen, der nicht handelt, wenn sich die Gelegenheit ergibt« (Summa theologica I-II, q. 20,4).

Wer nur urteilen würde, daß eine Autorität eine widervernünftige Anordnung gibt, und nichts unternimmt, um die Umsetzung der Anordnung zu verhindern, sündigt. »Wenn sich die Gelegenheit ergibt« [*opportunitate data*] entschuldigt mich aber auch, wenn ich mich der strukturellen Gewalt beuge, z.B. wenn ich keinen Widerstand leiste, weil der Staat eine geliebte Person als Geisel hat.

LUST IST DIE SINNLICHE WAHRNEHMUNG DER VOLLKOMMENHEIT

In der allgemeinen philosophischen Diskussion wird die radikale Vernunftorientierung von Thomas meines Erachtens nur selten hinreichend gewürdigt. Das hindert viele oberflächliche Kritiker der thomistischen Philosophie aber nicht daran, in der speziellen Frage des Verhältnisses zu Körper und Gefühl die ansonsten ignorierte Vernunftorientierung des Thomas als Beweis für seine Leib-, Sinnes- und Lustfeindlichkeit zu zitieren. Thomas' angebliche Lustfeindlichkeit ist jedoch in seine Philosophie eher hineininterpretiert worden. Sie kann in seinen Werken nicht nachgewiesen werden, wie die von mir zitierten Texte im ersten Teil belegen.

Die *»passiones«* (Gefühle) unterliegen nach Ansicht des Thomas gar nicht der moralischen Beurteilung; sie müssen Thomas zufolge durch die Vernunft in ein lebensfähiges Gleichgewicht im einzelnen Menschen und im zwischenmenschlichen Bereich gebracht werden. Erst im Verhältnis zu dieser ordnenden Vernunft sind die moralischen Wertungen »gut« (das Individuum folgt der Ordnung) und »böse« (das Individuum verweigert sich dem Vernunfturteil) angebracht. Die *»passiones«* werden gesteuert vom *»appetitus«*, dem Bedürfnis oder der Triebregung.

Wohlgemerkt, die Grundlage jeder Handlung sieht Thomas im *»appetitus«*, und jede Handlung wird durch *»passio«* ausgelöst, selbst die Kontemplation (d.i. der philosophische Ausdruck für unser gegenwärtiges »Meditieren«). Dieser Gedanke paßt ziemlich genau auf Freuds Begriff der sexuellen Triebenergie »Libido«.

Wenn die Handlung ihr Ziel erreicht hat, stellt sich *»delectatio«* ein – Genuß, Lust oder Freude. Im Kontext der aktuellen Psychologie passender noch ist die Übersetzung mit »Bedürfnis- oder Triebbefriedigung«. Da Thomas in der Erreichung eines Handlungsziels stets das Gute sieht (das Schlechte ist ja immer die Verfehlung des Ziels), muß *»delectatio«* das Gute begleiten. In diesem Sinne kann er nicht lustfeindlich sein. Die Kritik an der Leiblichkeit andererseits, die bei Thomas durchaus anzutreffen ist, ist Kritik am beschädigten Leben. Die Glückseligkeit des Unbeschädigten ist weder in der Bedürfnisbefriedigung noch auch im Glauben versprochen – eben gar nicht in diesem Leben.

Die körperlichen und sexuellen Bedürfnisse zu befriedigen, ist für den Menschen nur in Maßen gut: Maßlosigkeit stört das Gleichgewicht der Bedürfnisbefriedigung. So wird die Genußsucht zu den Lastern gezählt, denn sie ist für den Körper schädlich und behindert die Bedürfnisbefriedigung.

[Summa contra gentiles III, c. 27]

Die Grenze für die Befriedigung der Bedürfnisse bestimmt bei Thomas nicht ein äußerer Standard (»Anstand«) oder ein asketisches Ideal, sondern der persönliche Gesamtzusammenhang. (Zeugung scheint für ihn eher Anlaß und Erwartung denn Inhalt der Sexualität zu sein.) Die von Thomas geforderte »Maßhaltung« ist nicht zur asketischen Selbstkasteiung gedacht, sondern zur Sicherung des individuellen Wohlergehens. Dahinein paßt, daß nach Thomas dem Partner die sexuelle Befriedigung nicht mit Hinweis auf äußere Hinderungsgründe (Keuschheits-Gelübte, Feiertage, etc.) verweigert werden solle. Es gibt nur einen für Thomas akzeptablen Grund: *»salva tamen prius personae incolumitate«* – die Rücksicht auf das Wohlergehen beider Menschen.

Die Sprache des Thomas ist klar, schlicht und ohne mystifizierendes Beiwerk. Seine hochkomplexen Gedanken formuliert er präzise. Thomas schreibt seiner strengen Vernunftorientierung gemäß und ist uns daher gut verständlich. Die Beurteilung eines heutigen Philosophen, Thomas fehle »Stil, Schönheit und Glanz des Sprachkunstwerkes«, und er verfüge »weder über die formale Eleganz eines Cicero noch über die um die Wahrheit ringende Sprachgewalt Augustins« kann ich nicht teilen. Die Deutlichkeit von Thomas' schnörkellosem Stil ist für mich anziehend und faszinierend. Es sind eher die Terminologie, der philosophische und kulturelle Hintergrund, sowie die argumentativen Riten, die uns befremden. Um den Inhalt auch einer weiteren als der philologisch, mediävistisch oder theologisch informierten Leserschaft nahe zu bringen, habe ich eine sehr freie Übersetzung gewagt.

Bei den Übersetzungen habe ich vor allem versucht, die Texte für uns heute zu erschließen. Übersetzungen mit historistischem Anspruch, die in enger Anlehnung an das Lateinische vom »potentiellen Intellekt« (ich übersetze: Denkmöglichkeit) und vom »Intellekt in actu« (ich übersetzte: Denken) sprechen, helfen bei der Aneignung der Gedanken nicht viel.

An einer Stelle aus der »Summe gegen die Heiden« sei gezeigt, wie ich bei der Übersetzung vorgegangen bin. Das lateinische Original lautet:

> *»Inde enim manifestum est omne agens agere propter finem, quia quodlibet agens tendit ad aliquod determinatum. Id autem ad quod agens determinate tendit, oportet esse conveniens sei: non enim tenderet in ipsum nisi propter aliquam convenientiam ad ipsum. Quod autem est conveniens alicui, est ei bonum.«*

Die Übersetzung von Karl Allgaier (Thomas von Aquin, Summe gegen die Heiden, dritter Band, Teil 1, Darmstadt 1990, S. 13) heißt es:

> »Deshalb, weil jedes Tätige auf etwas Bestimmtes zustrebt, ist offensichtlich, daß jedes Tätige um eines Zieles willen tätig ist. Das aber, worauf das Tätige in bestimmter Weise zustrebt, muß ihm angemessen sein. Es würde nämlich nicht danach streben, wenn nicht auf Grund irgendeiner Art von Übereinstimmung mit ihm. Was aber einem Ding angemessen ist, ist für es ein Gutes.«

Diese Übersetzung ist sicherlich sehr nah am Text. Meines Erachtens kommt das, was Thomas uns sagen will, besser durch eine etwas freiere Übertragung heraus:

Daß alle Bewegung ein Ziel hat, macht sich daran fest, daß sie bestimmt werden kann. Ihre Bestimmung erhält die Bewegung durch das, was dem Bewegenden angemessen ist. Es fände nämlich sonst keine Bewegung statt. Das, was dem Sich-Bewegenden angemessen ist, stellt jedoch dessen Gut dar.

[Summa contra gentiles III, 3]

Bei den von Thomas zitierten Bibelstellen folge ich, soweit das inhaltlich vertretbar ist, der zur Zeit gültigen »Einheitsübersetzung«. Bisweilen wird jedoch durch die philologische, an den hebräischen und griechischen Originalen orientierte Übersetzung der Zusammenhang, in welchem Thomas eine Stelle zitiert, gar nicht klar. Dann habe ich es in solchen Fällen vorgezogen, auf den lateinischen Text zurückzugreifen, den Thomas vorliegen hatte. Als Beispiel führe ich eine Stelle aus dem Kommentar an, den Thomas zum alttestamentarischen Buch Hiob verfaßt hat:

Hiob nun schadete seinen Nächsten nicht durch Täuschung: »Dieser Mann war ehrlich...« Denn wer ehrlich ist, der täuscht nicht. Hiob war auch nicht jähzornig. Darum heißt es: »...und handelte angemessen.« Angemessenheit gehört zur Gerechtigkeit, die im Gleichgewicht besteht. So heißt es Jesaja 26,7: »Der Weg des Gerechten ist angemessen; den angemessenen Pfad muß der Gerechte gehen.« [Hiob-Kommentar, c. 1]

In der Einheitsübersetzung heißt es Hiob 1,1: »Dieser Mann war untadelig und rechtschaffen.« Und Jesaja 26,7: »Der Weg des Gerechten ist gerade, du ebnest dem Gerechten die Bahn.« Es ist leicht zu erkennen, daß die Zugrundelegung der Formulierungen aus der Einheitsübersetzung Thomas' Auslegung unverständlich machen würde.

Der gleiche Grundsatz gilt für die Übersetzung der Aristoteles-Zitate: Mein Hauptaugenmerk lag darauf, die Argumentation des Thomas nachvollziehbar zu machen. Dementsprechend habe ich im Zweifel stets der Übersetzung des lateinischen Zitates den Vorzug gegenüber der Übersetzung des griechischen Originals gegeben. Im übrigen versuche ich, möglichst eher die originellen Gedanken des Thomas zu zitieren als seine Übernahmen von Aristoteles.

Nahrung für die Seele ... eine psychologisch orientierte, »thomistische« Gesellschaftskritik!

Provozierende Gedanken, knappe Argumentationen, Kurzgeschichten mit offenem Ausgang, Einsichten von Mystik, Philosophie und Theologie der Vergangenheit – Stefan Blankertz stellt die Gestalttherapie in den Kontext einer prfunden Kritik an unserer gegenwärtigen Gesellschaft.

Stefan Blankertz *Die Therapie der Gesellschaft* · 266 Seiten ISBN 3-87294-781-8

DM 29,80

Weitere Bücher von Stefan Blankertz

Stefan Blankertz *Gestalt begreifen: Ein Arbeitsbuch zur Theorie der Gestalttherapie* · 152 Seiten, ISBN 3-87294-725-7 DM 39,80 · Das Buch klärt die philosophischen – vor allem thomistischen – und politischen Hintergründe der Erkenntnisse der Gestalttherapie. »... einer der wichtigsten Texte aus neuerer Zeit für die Gestalttherapie und die Gestaltszene.«

Prof. Dr. Hilarion Petzold

Erhard Doubrawa / Stefan Blankertz *Einladung zur Gestalttherapie: Eine Einführung mit Beispielen* · 98 Seiten, ISBN 3-87294-847-4, DM 19,80

Foto: Hagen Willsch

Erhard Doubrawa (l.), Stefan Blankertz (r.)

Die Bücher erhalten Sie in guten Buchhandlungen oder können Sie bestellen zuzüglich 3,00 DM für Porto und Versand beim:

Gestalt-Institut Köln
Rurstr. 9 · 50937 Köln
Fax 0221-447652
E-Mail: gik@gestalt.de